日経BP総研2030展望

ビジネスを変える100のブルーオーシャン

日経BP総研 編著

日経BP

はじめに　青い海で成長の海図を描く

景気の不透明感とともにスタートした令和の時代ですが、目を凝らせば新たな時代とともに生まれ、大きく伸びようとしているマーケットがあります。

これらの新しい芽を見出すために日経ＢＰ総研は二〇一九年一月から「１００のブルーオーシャン」と呼ぶリサーチ活動を進めてきました。二〇三〇年に向けて新たに生まれ、大きく伸びる市場を百件、研究員とコンサルタント総勢八十人がそれぞれの専門領域からピックアップしました。

百件を見渡すと産業と企業を巡る状況が大きく変化していることが分かります。自動車や交通からモビリティーサービスへ、医薬や介護からそれらを融合させた超ヘルスケアとでも呼ぶべき新領域へ、産業の再定義が起き、新たな市場を生み出しています。株主や消費者による企業への評価軸も変わり、事業による社会課題の解決を目先の利益より上に位置付けるようになっています。

百件の内容は様々ですが、大きく五つの構造変化の潮流に乗っていることが分かりました。第一章「イノベーションが生まれる五つの構造変化」で解説します。ブルーオーシャンを見つけ、そこへ行くためには五つの構造変化の上に新たな何かを築いていくことになります。

続く第二章で健康・食・ＱｏＬ（クオリティ・オブ・ライフ）という領域を取り上げ、さらに人のデジタル化・超人化（第三章）、働き方を変える術（第四章）、シェアリング・サービス（第五章）、社会問題・ＳＤＧｓ・ＥＳＧ（第六章）、新天地とテクノロジー（第七章）といった各領域で、新たに花開く新市場の規模を推定し、攻略のポイントをまとめました。

最終の第八章では「ブルーオーシャンを見つけるために」と題して潜在市場を切り拓くヒントを提供します。ブルーオーシャンへ漕ぎ出すために必要となるのは、確実に訪れる変化を見通して社会と共有する「未来予測」、大きな旗を掲げて周囲を巻き込む「ムーンショット」の発想、ちゅうちょなく異分野の人材やテクノロジーを取り込む「新結合」の三つでしょう。

100のブルーオーシャンを洗い出した日経BP総研の八十人の多くは日経BPの専門雑誌で記者やデスク、編集長を務め、ビジネスとテクノロジーが融合する領域の目利きとして、新事業の勃興をウオッチしてきました。この経験を生かし、現在は企業や社会の課題解決、産業振興を支援するリサーチ&コンサルティングの専門家集団として活動しています。本書は八十人の頭の中にある知見や予測をいわばダウンロードしたもので、二〇三〇年を見据えた多様なブルーオーシャンを示すことができたと自負しています。

すでに各領域で既存産業の〝ど真ん中〟ではない位置から新市場を開くプレイヤーが登場しつつあります。いまこそ想像力を活かし従来の思考の枠組みを超え、新たな市場、新たな事業創造に目を向けなければなりません。

ぜひあなたの会社が見渡す青い海で新たな成長への海図を描いてください。本書が既存のものとは異なる新たな収益源となるビジネスを構築するための一助となれば幸いです。

日経BP執行役員　日経BP総研所長　安達功

第六章 社会問題、SDGs、ESG

有限資源を有効活用

第七章
新天地とテクノロジー

第八章
ブルーオーシャンを見つけるために

第一章

イノベーションが生まれる五つの構造変化

日経ＢＰ総研は二〇一九年一月から『１００のブルーオーシャン』と呼ぶリサーチ活動を進めてきた。八十人の研究員が今後新たに生まれる市場や伸びる分野を探し、二〇三〇年の市場規模を推定、攻略のポイントをまとめた。イノベーションは五つの構造変化によって生み出される。第一章ではビジネスリーダー（Ｂ）とテクノロジーリーダー（Ｔ）の対話形式を通じて構造変化を解説する。

B　「企業にとって喫緊の課題を一つだけ挙げたら何になるだろうか」

T　「やはりイノベーションでしょう。これだけテクノロジーが発達してきたわけでそれらをどう使って新しい何かを生み出せるか。多くの企業が取り組んでいます」

B　「イノベーションは市場にあって市場に集中し市場を震源としなければならない」

T　「格言か何かですか」

B　「社会生態学者ピーター・ドラッカーが遺した言葉だ。イノベーションは市場、すなわち顧客に注目しなければ生まれない。顧客に新たな体験をもたらすことがまさにイノベーション。技術革新と訳したのは間違いだね」

T「テクノロジー抜きのイノベーションもあるでしょうが…」

B「テクノロジーを軽視するつもりはないが、顧客そして市場の期待や課題にどう応えていくか、そこを考えることが先だろう。ドラッカーは『イノベーションと企業家精神』(上田惇生訳、ダイヤモンド社）の中でイノベーションのための七つの機会を挙げている。新たなテクノロジーの利用は『新しい知識を活用する』に入ると思うがこれは最後の七番目の機会でしかもドラッカーは難しいと指摘している」

T「確かに研究開発をして新しいテクノロジーを生み出し、それを使った製品やサービスを用意し、市場に出すまでに相応の時間がかかることがあります。しかも市場に出したからと言って受け入れられるとは限りません。イノベーションの震源地をどう見つけたらよいのでしょう」

B「ドラッカーは七つの機会の中で変化に気付くことが大事だと繰り返し述べている。『産業構造の変化を知る』『人口構造の変化に着目する』『認識の変化をとらえる』といった具合だ。大きな変化があるとイノベーションが起き、新たな市場が生まれる可能性が高まる」

T「日本で言えば少子高齢化社会に向けて様々な課題がありますが見方を変えればチャンスがある」

B 「注目すべき構造変化として『有形資産から無形資産へ』というものがある。二〇一七年十月に出た伊藤レポート2・0が指摘していた。インターネット上で経済産業省が公開している」

T 「すぐ出てきました。正式名称は『持続的成長に向けた長期投資（ESG・無形資産投資）研究会報告書』というのですね」

B 「研究会の座長を一橋大学大学院商学研究科の教授などを歴任した伊藤邦雄氏が務めたからそう呼ばれている。そのレポートに有形資産から無形資産、という変化を示すショッキングなデータが載っている」

T 「これですね。米国S&P500（米国に上場する主要五百銘柄の株価指数）に入っている企業の市場価値を見ると、無形資産が占める割合が年々高くなっている」

B 「二〇一五年には八十七パーセントが無形資産。今は九割近いのではないか。驚くべきことだ」

T 「レポートは『企業がイノベーションを生み出し、企業価値を高めるために、施設や設備等の有形資産の量を増やすことよりも、経営人材も含む人的資本や技術や知的財産等の知的資本、ブランドといった無形資産を確保し、それらに投資を行うことが重要になってきている』と総括しています」

B　「日本の無形資産投資比率は欧米より低い。見方を変えれば人そのもの、知的財産、ブランドへの投資がこれからもっと増えるはずで、そこにイノベーションの機会がある。新たな市場を考えるカギは人間そのものへの投資だ」

T　「ちょっと考えただけでも、誕生から健康の維持、医療、予防、教育、生活、介護、終活に至るまで、様々な課題と要望がありますね。再生医療、アンチエイジング、睡眠対策、健康サプリメント、ネットワークを使った健康管理。設備や場所など有形資産への投資も相当ありそうですが」

B　「ヘルスケアとその周りにはブルーオーシャンが色々ありそうだ」

T　「元々いる企業に加え、新規参入組が続々と名乗りを上げていますから競争過多のレッドオーシャンではないですか」

B　「『ブルー・オーシャン戦略　競争のない世界を創造する』（W・チャン・キム、レネ・モボルニュ著、有賀裕子、ダイヤモンド社）によれば、顧客が望んでいたのにまだ提供されていない価値に気付いてそれを届けられればブルーオーシャンを開拓したことになる。著者は『（ブルーオーシャンの）大多数はレッドオーシャンの延長として既存の産業を拡張することによって生み出される』と述べている」

T「従来の製品だけでは提供できなかった、新たな価値を見つけようとするなら、今までよく見えていなかった無形資産の中を探したほうがいいわけですね」

B「人のデータ、いわゆる個人情報も無形資産だろう」

T「人の一生のデータを丸ごと保存するライフログという考え方があります。個人情報活用はＩＴ（インフォメーションテクノロジー）利用で最も期待されている応用分野の一つです。ただし細心の注意を払って取り組まないといけません。利用とセキュリティ、双方で市場が広がっていくでしょう」

B「さっき生まれてから亡くなるまでの活動を列挙していたが、働く、ということが抜けていた。仕事のやり方を変え、どうやって時短をしていくか。オフィスのような有形資産もあるが、働き方改革支援サービスなど無形資産投資のほうがはるかに大きくなる」

T「採用や人材配置、評価などを支援するＨＲテック（テクノロジーを活用した人事領域の業務改革を示す造語）が期待されています」

B「在宅勤務、いやテレワークというのか、あれはどうなるだろう」

T「十年もすればテレワークは死語になるのではないですか。どこで働くか、関係なくなるでしょうし。通勤は激減する。家や地元で働く人が増えるので。地域や地方のコミュニティが復権し、家事や育児への男性参加が進みます。こうした中、どう仕事をしていくか、セルフマネジメントが重要になるはず。このあたりも構造変化でしょうね」

B「地方にいても大都市や海外の案件を担当することもあるわけで、あらゆる場所にいる人が協力して仕事ができるようにしなければならない。コミュニケーションに関するサービスがもっと色々出てくる」

T「無形資産といえば、製造業のサービス化、ものづくりからことづくり、といった動きがあります。有形資産に投資してきた製造業が無形資産に投資を移す現れですね。トヨタ自動車が月額料金制で車を乗り換えられるサブスクリプションサービスを始める、コマツが建機の稼働情報を集めて分析し、顧客に効率的な建機の使い方を教える、といった取り組みが有名で、多くの製造業が取り組んでいます」

B　「クルマを持たないで誰かと共有する。いわゆるシェアリング、所有から共有へ、ということも一つの構造変化だろう。報道を見ていると米国の配車サービスと民泊サービスの特定二社の話が呪文のように繰り返されているが、もっともっと広がっていて、こんなものが、というものもある」

T　「例えば」

B　「Ｃｌｅａｒという手書きの学習ノートを登録し、共有するアプリがある。大学生、高校生、中学生、ほぼすべての学科、三十万冊のノートが公開されている。質問したり、答えたり、そういうこともできる。家事の共有とかジョブの共有とか、シェアリングの取り組みは相当徹底しているね」

T　「マネタイズできるのでしょうか」

B　「シェアリングの利用者に対し、有償サービスを提供したり、集めたデータを分析したりして、そこから価値を見出す手がある。スタートアップに限らず、既存の大きなビジネスを持

社会

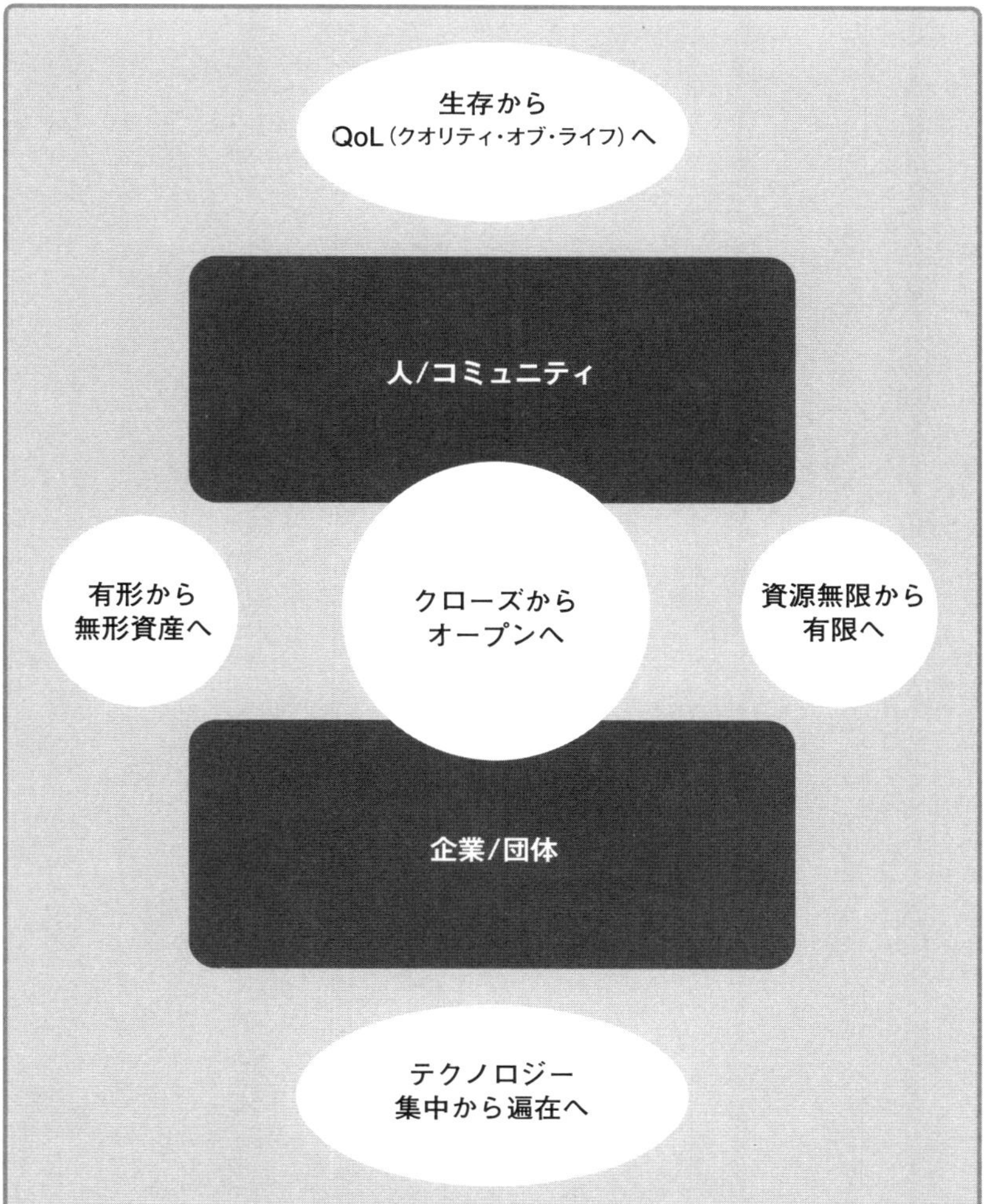

イノベーションにかかわる五つの構造変化

つ大企業であっても、その中でシェアができるところがあるかどうか考えてみると何か出てくるかもしれない」

T 「所有から共有へ、を言い換えるとクローズからオープンへ、ということではないでしょうか。ITの分野では世界中のエンジニアが自分の開発したコンピューターソフトウエアを公開し、興味を持った有志が集まってソフトウエアの機能強化や品質改善に取り組んでいます。オープンソース・ソフトウエアと呼ぶのですが最近はその動きがハードウエアにも広がってきました。知的財産を抱え込まず、公開することでイノベーションを起こそうという動きです」

B 「一方向から双方向、という表現もできる。十五秒程度の簡単な動画を投稿、共有するTikTok（ティックトック）というアプリがある。利用者は五億人を超え、運営会社の企業価値はざっと七百億ドル以上とされているから八兆円とすると日本のメガバンクより大きい。何が評価されているのかといえば、五億人が投稿し、そして視聴するという双方向の仕組みをつくったこと。動画を公開するからこれもオープンと言える」

T 「広辞苑で『市場』を引いてみました。『一定の場所・時間に関係なく相互に競合する無数の需要・供給間に存在する交換関係』と出ていました。要するに交換関係、つながり方を組み替えればイノベーションを起こし、新市場を切り開けることになります」

B　「ところで、さっき話に出した伊藤レポート2・0をまとめた研究会の名前は『持続的成長に向けた長期投資（ESG・無形資産投資）研究会』。ここに入っているESG、つまり環境、ソーシャル、ガバナンスもキーワードだ」

T　「人の能力とか、情報やデータといった無形資産はある意味、無尽蔵にあります。コンピューターソフトウエアはうまく作っておけば、いくらでも複写して提供でき、劣化しません。ですから、すごい付加価値を生む可能性がある。一方、地球の自然やエネルギー資源は有限であり、世界各国が何らかの約束をして利用を制限していかないといけない。ノーベル化学賞を受賞した福井謙一氏は『二十一世紀は地球修復の時代』と仰ったそうです」

B　「名言だと思う。積水化学工業は米社と組んで、ゴミをまるごとエタノールに変換するテクノロジーを開発したとしている。ごみの処理場を〝都市油田〟に替えられる可能性があるという。二〇一八年、『100のリスク』と題して日経BP総研が調べたビジネス上の不確実性（リスク）をまとめた本を出した。その中に『ESGのリスク』があり『認証品争奪』『水不足と水災害』『海洋汚染によるプラスチック禁止』などが挙げられていた。これらの解決策を用意できれば、それ自体が新市場になる」

T　「有限資源の効率的利用といったあたりでテクノロジーはまだまだ役割が果たせます。先ほど時間がかかるという話になりました。確かに蒸気機関が生まれ、鉄道ができ、社会が変わるまで長い時間を費やしました。しかし、普及にかかる時間はどんどん短くなってきています。ざっと言うと、テレビは三十年、インターネットは二十年、スマートフォンは十年、キャッシュレス決済は五年ほどで世界を変えた、と言えるでしょう」

B　「昔であったら考えられない高性能のテクノロジーを個人の判断で手に入れ、利用できる。だから普及が速いのだろうね」

T　「さらに言うと、今のテクノロジーは過去の人が見たら魔法としか思えない水準に入ったのではないでしょうか。数十年前のＳＦ（サイエンスフィクション）で描写されていた、テレパシー（言語や身振り抜きで人の気持や考えが遠隔地にいる他の人に伝わる超常現象）とか、サイコキネシス（科学的に証明されていない超能力の一種）、テレポーテーション（念力によって物体などを移動させること）とか、予知とか、これらに近いことを実現できます」

B　「一瞬にして移動するのはさすがに無理だろう」

T　「テレイグジスタンスというテクノロジーがあります。地球の裏側にあるロボットを介して自分のやりたいことをしたり、ロボットではなくクルマや機器を動かしたりできます。もちろん人間そのものが地球の裏側に一瞬で飛んでいけるわけではないですが、あたかもそこにいるように振舞えます」

B　「分身ロボットＯｒｉＨｉｍｅと話をしたことがあった。ロボットから離れたところにいる、体が不自由な方が操作して、ロボットを通してご自分の意志を伝えられる。多くの人がもっと社会参画できるようにさせたい、と開発者の方が話していた」

T　「テクノロジーが使いやすくなったことも市場を生み出す構造変化の一つではないでしょうか。これからネットワークがより高速になる5Gの時代に入りますし。もちろん、顧客や社会のニーズを汲み取らないといけないわけですが」

B　「無形資産、オープン、有限資源、と並べた場合、テクノロジーは何から何へ、と言えるのかな」

T　「オープンへ、はテクノロジーにおいてもそうなのですが。集中から分散へ。散々言われましたね。ユビキタス（遍在）と言ったこともあった。コンシューマーゼーションとか。あるいは重から軽へ、鈍から敏へ…。鉄道は駅に行くことで利用できた。今のテクノロジーはどこにいてもすぐ使える。いつでもどこでも。このフレーズも何度も使われてきましたね」

健康、食、QoL（第二章）

- 幸福マネジメント
- 「未病」対策
- 夜のスリープマネジメント
- 昼のスリープマネジメント
- オフィス・ヘルスセンシング
- 女性ヘルスセンシング
- ペインレス迅速診断
- 医療適正化コンシェルジュ
- 寿命予測
- フードテック
- オーガニック商品
- 完全食輸出
- フードツーリズム
- 制限付き食材
- ゲノム編集技術応用食品
- CBD（カンナビジオール）
- ドッグ・スマートシティ整備
- ライブエンターテインメント
- スポーツネットワーク
- ギア沼
- 意識高い系商品
- アグリツーリズム
- TechArt輸出
- 武士道の輸出
- Z世代消費
- DtoC（ダイレクト・ツー・コンシューマー）
- 完全介護ロボット
- テクノロジー介護
- 終活総合サービス（葬儀・墓）
- 終活総合サービス（資産・資金など）

人のデジタル化、超人化（第三章）

- 人間の高度化
- クローン・エージェント
- リアルタイム・マッチング
- 個人格付け
- 情報銀行
- 働き手の市場価値算出
- ブロックチェーン遺言信託
- 脳フィットネス
- ハプティクス（触覚技術）
- アシストスポーツ
- テレイグジスタンス

働き方を変える術（第四章）

- 働き手、働く場、働き方の改革
- 情報コンシェルジュ
- AIアシスタント
- 自動通訳機能付き高精細ビデオ会議
- 協働ロボ
- パラレルキャリア支援エージェント
- フリーランスサポート
- LGBT採用支援
- インテリシニアのアカデミア
- エドテック
- リカレント教育
- フレキシブル・ワークプレイス
- 新しい働き方を実現する住宅
- 周年事業コンシェルジュ

シェアリング・サービス（第五章）

- サブスクリプション
- Services on MaaS
- 自動運転モビリティ保険
- アグリテック
- ボディーシェアサービス
- エリア情報マネジメント
- サプライチェーンマネジメントサービス
- 会社 as a Service
- スキルショップ as a Service
- 意思決定支援 as a Service
- 国際法務 as a Service

新天地とテクノロジー（第七章）

- テクノロジー拡散
- 海中
- 宇宙移住・定住
- 空飛ぶクルマ
- 量子コンピューティング
- エッジコンピューティング
- IT/OT人材育成
- トークンエコノミー
- AI学習用データ整理

社会問題、SDGs、ESG（第六章）

- コミュニティの充実
- 天災予報
- 無人統治システム
- SDGs×地方創生
- 地域ポイント活用SDGs
- 会社看取り
- まちたたみコンサルティング
- 賃貸住宅修繕一括受託
- 中大規模木造建築
- スモールコンセッション
- サーキュラーエコノミー
- 家財IoT
- プラスチック海洋汚染対策
- カーボンリサイクル
- 食品ロス削減
- エネルギーインテグレーション
- 総合エネルギーマーケット
- 再生可能エネルギー
- 直流テクノロジー
- VPP（仮想発電所）
- マイクログリッド
- 次世代太陽光パネル
- 建材一体型太陽光パネル（BIPV）
- 新水素エネルギー（凝集系核変換）
- 石炭火力・鉄鋼向けCCS（二酸化炭素回収・貯留）プラント

ビジネスを変える100のブルーオーシャン（日経BP総研調べ）

B　「言わんとするところは分かった。一つの構造変化だけで市場ができるのではなく、色々な変化が重なってさらに変化が起きたり、ブルーオーシャンが生まれたりする。ここまで出てきた話を振り返ってみると、ドラッカーが指摘した『認識の変化』がやはり大きいね。ＳＤＧｓ（持続可能な開発目標）としてまとめられた十七の目標を見ると、世のため人のため、というか、幸せとか安全とか、そういうことがないがしろにされているなら、いくら経済成長しても意味がない、という反省が込められている」

T　「テクノロジー側の反省でもあります。便利になった反面、色々な副作用をテクノロジーがもたらしたのは事実ですし」

B　「自分を超えた何かへ貢献したいという気持ちが高まっていることもある。ＳＤＧｓとか社会起業家とか、さっき話に出した分身ロボットとか、まさに自己超越へ向かっていく取り組みじゃないかな」

T　「自己超越という言葉があるのですか」

B　「米国の心理学者アブラハム・マズローは欲求五段階説を唱えた。人間の欲求は生きるために食べるとか寝るとか、そういうところから始まり、安全、社会的、自尊心、自己実現といったようにより高い段階を求めていく。これが彼の主張だったが自己実現の次に自己超越があると書き残して亡くなった」

T「なるほど。ただ、幸せといった場合、もっと多様でしょう。健康であることは幸せですが現代人は健康に気をつかい過ぎなくらいつかっています。高血圧に対処する降圧剤の市場は一時拡大したそうです。糖質カット炊飯器とか、その手の製品は沢山出てきています」

B「健康、綺麗、匂い、といったことへのこだわりはまさに認識の変化だけれど、中にはかえってコストを増やしたり、社会の負担になったりする場合があるが、市場としては市場だ。そういうことを含め、ただ生きているだけではなく、ＱｏＬ（クオリティ・オブ・ライフ）を求めていくという大きな変化がある」

T「五つの構造変化に理由はあるのでしょうか」

B「それはあるよ。さっき言った通り五つはそれぞれ絡み合っている。ものがあふれ、生活が豊かになった国においては視野を広げるようになる。目に入ってくる環境保護や食料の無駄を無くそうと世界全体のことを考える」

T　「ものを買うことに興味を持てずシェアで済ます一方、ＱｏＬを高めるために趣味の体験についてはは高いお金を惜しまない。メーカーはもので差別化できなくなり、サービスやそれを担う人材の質で勝負しようとして無形資産投資を増やす」

B　「ブルーオーシャンへ行こうとすると五つの構造変化の上に新たな何かを築いていくことになる。イノベーションのプロジェクトでも、日常業務においても、五つはどうなっているのか、と考えてみると色々なことが見えてくるはずだ」

第一章　筆者名一覧

安達功
酒井綱一郎
望月洋介
谷島宣之

第二章

健康、食、QoL

人は幸せを求める

001

幸福マネジメント

幸せの再考が生む巨大市場

ハッピーあるいはハピネスといきなり言われると面食らうかもしれないが、個人はもちろん企業や団体、政府までが「幸せとは何か」「人間とは何か」を問い直し、幸福を再定義し、再追求する時代に入っている。言い換えるとＱｏＬ（クオリティ・オブ・ライフ）の追究である。ＱｏＬは狭義には医療の世界で使われ、疾患の治療にだけ注力するのではなく、患者の生活の質すなわち幸せも含めて考えることを指す。広義には仕事や住環境、趣味など幸せに関連するすべての充実度合いを指す。

実際、ハッピー経営、幸福経営、ハッピーポイント、幸福度、幸福のマネジメントといった言葉や考え方を見聞きする機会が増えてきた。企業は人々に幸福を提供する理念を掲げ、それを実践する事業を持つことが大切とされる。社内に対して経営者は従業員の幸福度を把握し、気を配る。「健幸経営」や「健幸リーダー」を置いたり推進したりする動きもある。幸せ担当大臣を置いた国も出てきた。

背景にはまず、資本主義・自由主義を掲げてきた先進国の成熟と、医療や脳科学、ＩＴの進歩がある。かつてに比べれば経済発展により

市場の概要

- 人々は幸福を再考する
- 幸せとはQoL（クオリティ・オブ・ライフ）である
- 個人の活動、組織運営、政策に影響

モノがあふれ人々は裕福になり平均寿命は延びた。だがその結果、本当に幸せになったのかどうか。効率は高まったか、余った時間で人間は何をするのか、といった見直しが始まっている。ロボットやＡＩ（人工知能）と共に働くようになり、画像認識など一部の領域についてはロボットやＡＩのほうが人間を上回る力を発揮するようになると、人の役割を見直す必要が出てくる。百歳まで生きられるようになったとき、人は何をするのが幸せなのか。こうした哲学や宗教、芸術の領域の議論にもなってくる。

幸せの再考は企業の戦略、ビジネスモデル、製品やサービスの開発、社員育成、もちろんＳＤＧｓやＥＳＧの取り組みに影響を与える。さらに政府や地方自治体の公共政策の設計や実施にもかかわる。一方、内省に向かう個人が増えると、人間の魂を揺さぶる芸術や哲学の古典がリバイバルしそうだ。幸せの再考に関連する商品やサービスが人気を集めるだろう。

イノベーションを起こし、ブルーオーシャンを見つけるためにも、幸せについての熟考が欠かせない。第二章には健康や食をはじめ、ＱｏＬ（クオリティ・オブ・ライフ）に関連する新市場の候補を集めた。健康・医療、食、生活支援、介護・終活の順に並べている。

攻略のポイント

- ☑ **自分自身、自組織における真摯な議論**
- ☑ **企業の枠を超えた意見交換**

002

「未病」対策

病院外で始まる破壊的創造

「未病」とはまだ病気とは言えないが、病気に向かいつつある状態をいう。自覚はないが検査結果であまり良くない数字が出ている状態、自覚はあるが検査で異常がみつからない状態、両方を含む。

メタボリックシンドローム、フレイルなどの流行語を含む「未病シンドローム」とでも言うべき状況がやってくる。人々は自分の体調や精神状態を気にするようになっている。加えてテクノロジーの進化により、これまでよりはるかに詳細に、しかもリアルタイムで体調を示すデータをとれるようになった。

未病の度合いを表す指標として自律神経の調子や体内酸化が着目されている。これらを測定する「未病計」が生まれ、計った結果を整理することで「未病度」の標準指標が誕生するだろう。

それらをきっかけに、すでに始まっている健康・医療業界における強烈なDisruptive Innovation（破壊的創造）が加速する。ほんの一例だが、モビリティサービスと健診・治療を組み合わせる。あるいはウォーキングや禁煙などの行動変容を促すアプリが使われ

市場の概要

- 「未病」とは病気に向かいつつある状態
- 医療費を抑えるためにも未病対策が必須
- 生活や仕事にかかわる全産業に影響

る。生体データを常時モニタリングし、アドバイスをするサービスが登場する。

未病対策の主な舞台は病院の外側、日常生活や仕事の現場である。病気になって病院に行く前から手を打つためだ。したがって病院を相手にしてきた医療関連の既存産業はもちろん、生活と仕事にかかわるあらゆる産業が医療やヘルスケアのイノベーションに参入し、今までは考えられなかったサービスやプロダクトが様々なプレーヤーとそのコラボレーションから生まれてくる。

未病の改善は喫緊の課題である。背景の一つはＱｏＬであり、さらに言うまでもないが膨張する医療費の問題がある。二〇二五年には団塊の世代（一九四七年～四九年生まれ）が後期高齢者（七十五歳以上）になり、日本人の四人に一人が後期高齢者という超高齢化社会が到来、このとき、医療費は五十八兆円になると見られている（平成二十九年健康保険組合連合会調べ）。過去最高と言われた二〇一八年の税収ですら六十兆円であったから、医療費が税収とほぼ同額になるという異常事態である。医療費抑制のため政府は予防医療の推進へと舵を切りつつある。

未病への具体策として、スリープマネジメント、オフィス・ヘルスセンシング、ライフスタイルのコンシェルジュ、寿命予測といった新市場を次ページ以降で紹介する。

攻略のポイント

- ☑ 未病の標準指標の確立
- ☑ 新興企業を含むあらゆるプレーヤーの協業
- ☑ 最新テクノロジーで常識を変える

夜のスリープマネジメント

昼の生産性を上げる夜の新市場

市場の規模

経済損失

16.9兆円

（GDP3.3%）

出所：RAND EUROPE調査

市場の概要

- 働き方改革で注目
- 夜の眠り改善で効率アップ
- 夢見る眠りでメンタル安定

スリープマネジメントは日本にとって最も伸びる可能性がある市場である。質の良い睡眠をとる取り組みの総称で、睡眠のモニタリングや改善提案にツールを使うため、スリープテクノロジーとも呼ばれる。

伸びる理由は日本がとびぬけて睡眠不足の国だからだ。OECDが加盟中三十三カ国を調べた生活時間調査（二〇一九年版）で日本は睡眠時間の短さで一位となった。三十三カ国平均より一時間も少なかった。

睡眠の質は経済に大きな影響を与える。非営利研究団体RAND EUROPEが日本の睡眠時間に基づき経済損失を試算したところ、二〇三〇年に十六・九兆円、ＧＤＰの三・三パーセントにもなるという。この試算は、睡眠不足の人が仕事を休むことによる損失（アブセンティズム）、出向いても仕事がはかどらないことによる損失（プレゼンティズム）、睡眠時間の短い人の死亡率の高さ、などに基づく。これらの結果は各種の研究から明らかになっていた。

また日経ＢＰ総研が実施した、働く女性の健康調査で「眠れない」という悩みは離職理由の中で大きな要素を占めていた。

十分な時間、良い睡眠が取れれば生産性の向上が望めるわけで巨大な市場がある。企業が採用にてこずり、時間当たりの生産性を上げなければいけない中で三・三％の効率アップは大きい。

睡眠の質や量を脳波や体動から把握する。認知行動療法を踏まえたアプリで眠りのリズムや習慣をつくり、睡眠の質・量の改善を促す。空調や照明などでリビングや寝室の環境を整えて質の高い眠りと目覚めができる空間を作る。睡眠を改善する機能性表示食品などのサプリメントも市場を拡大中だ。

入眠のタイミング、睡眠時の温度や湿度管理、疲労度に合わせた起床提案時間などをセンシングすることでタイミングよく介入する。従来の不眠治療は睡眠導入剤や呼吸補助器などネガティブな状態への対処が中心だった。

攻略のポイント

- ☑ 睡眠のモニタリング（体動、体温、呼吸、脳波）
- ☑ 質の良い眠りを作るアプリ、サプリ、照明

004

昼のスリープマネジメント

健康経営を支える昼の仮眠市場

スリープマネジメントについて間違いなく拡大するのが、夜のための新市場に加えて、昼に利用される仮眠の市場だ。米国では積極的な短時間の仮眠をNAPと呼んでいる。

米国スタンフォード大学などの研究で、六日間連続五時間睡眠の睡眠不足による眠気と注意力の欠如を四十五分間のNAPで一時的ではあるが回復させられることが二〇一七年に報告されている。

積極的な仮眠をとるための昼寝機器も開発されている。昼寝の質を高めるテクノロジーがさらに見つかり、昼の仮眠を許す環境がオフィスに整えば、生産性改善には期待大だ。

スリープマネジメントは経済効率の改善だけを目指すものではない。働き手のQoLの面からも、それを企業が意識する健康経営の面からも、睡眠の質が見直されつつある。ここ十年ほどで睡眠中に脳が行っている新たな働きが続々と見つかってきたことが背景にある。

まず、十分な睡眠はメンタルヘルスに不可欠だ。カリフォルニア大学バークレー校と東京医科歯科大学の共同研究では、夢をみるとされ

市場の概要

- 昼の短時間仮眠で仕事の効率アップ
- 質のいい睡眠が認知症リスクを減らす

るREM睡眠の前後の感情比較をした結果、「恐れ」「悲しみ」「怒り」「幸福」の四感情のうち、「恐れ」「悲しみ」は著しく減少し、「幸福」が著しく高まることが分かった。この結果は夜の睡眠ではなく九十分間の昼寝から分析された。

人生百年時代といわれる現在、睡眠は脳の生涯の健康とも密接な関係がある。就寝時間中にぐっすり眠り続ける睡眠の質が高い人はアルツハイマー型認知症の原因物質であるアミロイドβの脳内蓄積の割合が低い。断眠がある睡眠の質が低い人はアミロイドβの脳内蓄積が多い。こうしたことがワシントン大学などの研究で明らかになった。

英国ロチェスター大学の別の研究で睡眠中は脳の神経細胞に栄養を補給するグリア細胞が収縮し、アミロイドβなどの脳の老廃物を排泄していることが分かった。マウスを使って断眠の実験をしたところアミロイドβの排出が阻害されたという。

睡眠の質をセンシングすることが、認知症リスクが高い人を見つけることにつながるともいえる。睡眠の質の改善が認知症の予防につながる可能性もある。

記憶の定着、免疫力の向上、血圧の安定にも睡眠は寄与する。学習した記憶は睡眠中に短期記憶から長期記憶に変換される。学習後、早く眠ったほうが記憶の定着率は高い。かぜの引きやすさで比較すると、睡眠が十分な状態に対して、六時間未満で四・二倍、五時間未満の睡眠不足で四・五倍かぜをひく率が高くなる。さらに睡眠不足があると肥満や高血圧のリスクが高まる。特に六十歳未満の人では、睡眠時間と肥満、高血圧の相関関係が高くなる。

攻略のポイント

- ☑ 仮眠をとる昼寝デバイス
- ☑ 仮眠スペースなど環境改善

005

オフィス・ヘルスセンシング

従業員の健康状態を把握

市場の規模

2025年

1兆1200億円

出所：経済産業省

市場の概要

- 健康投資の促進
- 予防、早期診断、早期治療
- 体調、やる気、充実度の見える化

健康経営ではたびたび病欠をする「アブセンティズム」や健康問題で効率の下がった状態で勤務する「プレゼンティズム」を重視する。後者のほうが前者よりも業績に影響を与える割合が大きいとの指摘もある。SDGs（持続可能な開発目標）では「すべての人に健康と福祉を」を目標の一つに掲げており、その一環として社員の健康に配慮する企業が増えている。

注目されているのが職場における従業員の健康状態を把握するセンシングサービスである。例えば心電計、温度計（赤外線温度センサー）、三軸加速度計を従業員に付けてもらえば、様々なバイタルデータを記録できる。記録したデータを分析し、社員の状態を把握すれば、企業側の適切な介入が可能になる。

こうした健診システムの開発にあたった医師の島田祥士氏（細谷たかさきクリニック院長）は「やりたくないと思いながらタスクをこなしていると、自律神経が弱り、ストレス度は上がる。社員一人ひとりの状態をトレースし『休憩するとストレス度が下がる』といった傾向を把握できれば、産業医が仕事中に適度な休憩を挟むようアドバイスできる」と指摘する。

運輸や物流関係の企業にとっては、ドライバーの睡眠時無呼吸症候群をはじめとする健康チェックを怠ることは、事故に直結するリスクとして認識されつつある。

攻略のポイント

- ☑ 心身の状態のトレース
- ☑ 従業員メリットの説明
- ☑ データの慎重な取り扱い

個人の生体情報から活動情報、その時々の環境情報まで集約できれば、それぞれがどんな体質で身体に何が起こっているのかを克明に把握、それに合わせて食べ物や活動を提案できる。会社役員などにターゲットを絞った、超高額のサービスとして提供してもいい。

昼食後の居眠りをセンシングすれば糖尿病悪化の防止にも役立つ。糖尿病の前段階として食後高血糖が目立つ時期があるが、その段階では昼食後の居眠りをしやすくなる。糖尿病は蓄積性があるため定年六十歳時代の就労についてはまだしも、定年七十歳や生涯現役社会ではアブセンティズムにつながりかねない。

006

女性ヘルスセンシング

女性の体調に配慮

市場の規模

年間労働損失

4911億円

東京大学大学院医学系研究科生殖・発達・加齢医学専攻産婦人科学講座の大須賀穣教授らのグループが試算

市場の概要

- 女性の体調をセンシング
- 年間5000億円近い労働損失を改善

オフィス・ヘルスセンシングにおいて重要になってくることの一つに女性の体調の把握が挙げられる。二〇一三年に東京大学大学院医学系研究科生殖・発達・加齢医学専攻産婦人科学講座の大須賀穣教授らのグループが試算発表したデータでは、月経前症候群（ＰＭＳ）などの月経随伴症状による、一年間の日本の労働損失は四千九百十一億円にものぼる。

女性の場合はエストロジェン、プロゲステロンの二つのホルモンの量がほぼ四週を周期に大きく変わるため、心身ともに安定した時期は四週間のうち一週間という場合もある。これに対し、男性の場合、性ホルモンの分泌量がほぼ一定である。

月経周期は高温期、低温期として体温に現れる。ウエアラブルデバイスなどで計測した体温と女性の気分の変化を記録することで、自覚されにくいＰＭＳ症状を早期にとらえ、対処できれば労働損失を減らすことが可能とみられている。

また、米国や欧州では、国や世代により差があるが、初経から閉経までの期間のうち、計画的な妊娠を意図する時期を除いて低用量ピルといわれるホルモン薬を飲み続けて月経のリズムとは別に、ホルモンのバランスを一定化することも一般化している。激しい月経の痛みに悩む月経困難症の症状や月経の経血、ＰＭＳ症状をなくすことができる。ヘルスセンシングで症状が厳しい人を見つけ出せたら、日本でもこのような低用量ピルの処方への誘導も考えられる。

いわゆる冷え性の程度を超えた低体温による不調を見出すこともできる。

言うまでもないがヘルスセンシングの結果、得られるデータはセンシティブであり、企業や団体は取り扱いと保護に細心の注意を払わなければならない。とりわけ女性については管理職が女性特有の課題やＰＭＳについて正しい知識を持つ必要がある。

攻略のポイント

- ☑ 女性の健康に関するリテラシー教育
- ☑ データの慎重な取り扱い

007

ペインレス迅速診断

唾液、尿、皮膚から異常を検出

市場の規模

世界市場1400億ドル(2025年)

出所：テクノロジー・ロードマップ2019-2028<全産業編>

市場の概要

- 唾液、尿、皮膚から体の異常を検出
- 中赤外光による携帯血糖測定器
- ウエアラブル端末の普及
- 自宅と健診施設を結ぶオンラインサービス

国内の健診市場は五千億円、二〇三〇年には一兆円を超えると予測されている。この巨大市場の中で注目されているのが、皮膚表面に光を当てたり、尿や唾液などから痛みを伴わずに体調の変化を見る、体に優しい非侵襲の検査市場である。

例えば、鹿児島大学発ベンチャー、スディックスバイオテックは唾液を使ったインフルエンザウイルス検査キットを開発、薬事承認を目指している。従来検査よりも感度が高いという。従来は患者の鼻の奥に綿棒を入れて粘液を採るやり方だった。

超短パルスレーザー光研究の第一

攻略のポイント

- ☑ 測定技術の開発
- ☑ 従来の血液検査並みの測定精度
- ☑ 医療費抑制やESGへの効果の見える化

人者である山川考一氏が科学技術振興機構（JST）の大学発新産業創出プログラム（START）などの支援を得て設立したライトタッチテクノロジーは、採血をせず、人体に無害な中赤外光を当てるだけで、高精度で血糖値を測定できる携帯型の検査装置を開発、三年後の実用化を目指している。分子を透過または反射する光が分子の種類や状態によって特有の波長で光を吸収する特性を利用した。また、九州大学発ベンチャー、HIROTSUバイオサイエンスは、線虫を使ったがん検査サービス「N-NOSE」を二〇二〇年にも開始する。がん患者の尿の匂いを線虫が高感度に識別する性質を利用した。患者の尿から十八種類のがんを検知可能という。

近年、こうした非侵襲的な検査手法が開発され、従来法と同等の検査感度・特異度が得られるなどの成績が出ている。それらは施設に行かずとも在宅で測定し、結果データを送信できる。こうした自宅と検診施設を結ぶサービスが登場すれば、従来の職域、人間ドック、検診など施設主体の健診の在り方を大きく変える可能性を秘めている。

これまで健診施設で行われてきた採血管を使った血液検査やレントゲン検査は医療者の手間がかかる上、針刺し事故や被曝のリスクがあった。針や採血管などの廃棄物処理コストも無視できない。

ただし、非侵襲検査の市場が広がるには、計測の精度向上や収集データの蓄積、利活用方法の確立といった課題がある。

008

医療適正化コンシェルジュ

より適正な医療を助言

五十歳を過ぎると複数の生活習慣病を抱える人が多くなる。いくつかの診療所や病院にかかることで、同じような検査や投薬を受け、「本当に全部必要なのか」と疑問に感じることが出てくる。そうした疑問に応えるのが「医療適正化コンシェルジュ」サービスだ。

過去の健康、医療、介護の情報を分析し、今必要な医療行為をアドバイスしてくれる。例えば「ジェネリック薬がある」「アレルギー検査は過去に実施済み」「開腹手術ではなくアブレーションでも治療できる」といったものだ。アドバイスを基に、掛かり付け医の診察を受ける。手術が必要になる重大な病気の時にも最新医療の情報を伝えてくれるので心強い。

国民一人ひとりが健康・医療・介護に関する情報を自ら管理する時代となり、その時々の自身の健康状態に合致した最良のサービスを受けることで、健康に暮らせる期間を長くできる。利用者が受ける医療行為の満足度を高めながら、早期に手を打つことで医療費や介護費を抑制していける。労働力や消費の拡大にもつながる。

市場の概要

- 健康、医療、介護の個人向け助言
- 検査や投薬などを最適化
- 健康寿命を延ばし、人生を充実

医療適正化コンシェルジュは医療や介護にかかわってきたベテランが当初担うことになりそうだが、サービス料金を抑えるためにＡＩを利用することになるだろう。超高齢化社会を迎える世界の国々でニーズが出てくるので、成功できれば日本で開発されたＡＩ医療最適化コンシェルジュが世界の人々の健康を支援する日がくるかもしれない。

前述の通り、日々の血圧や心拍数などのバイタルデータを計測できるヘルスセンシングが始まれば、こうしたデータを使ったアドバイスも可能になる。例えば、体温三十七度は成人の発熱の目安とされるが、実際には個人差があり、肺炎などの初期症状の人もいれば、全く平気な人もいる。継続してデータを計測することで個人の平常値を導き出し、わずかな異変を捉え、病気の早期発見や重症化予防につなげる。

先駆的事例として、病院や介護施設を運営する福岡市の芙蓉グループが開発した「まいにち安診ネット」がある。個人のバイタルデータを三百六十五日計測することで一人ひとりの「テーラーメイド（個別化）医療」に取り組むもので既に病院や介護施設に導入して成果を上げている。

厚生労働省は国民一人ひとりの保健医療データを、個人を中心とした形で統合できる情報基盤「ＰｅＯＰＬｅ（ピープル）」の整備を掲げ、二〇二五年の本格運用を目指している。個人の様々なライフステージにわたるデータを保健医療の専門家が共有したり、個人が自らの健康管理に役立てたりできるようになる。

攻略のポイント

- ☑ 健康、医療、介護の個人情報を収集する
- ☑ 情報を分析、適切に助言するAIを開発

009

寿命予測

寿命を延ばす助言まで提供

市場の規模

寿命予測サービスの年間利用料総計

6兆円

日経BP総研推定

市場の概要

- 個人の遺伝子、健康状態、行動を把握
- AI（人工知能）で寿命を予測
- 個別化した食／運動サービスの提供

個人の遺伝子、健康状態、行動パターンを記録、一連のデータをＡＩによる寿命予測モデルに学習させ、寿命を予測するサービス。予測とともに、寿命を延ばすアドバイスも提供する。具体策として食事メニューの作成、運動サービスの提案といったことにつなげられる。

医療費の削減が社会の課題になっており、同時に健康で自立した生活へのニーズも強い。このサービスによって寿命を延ばすための行動変容につなげることができれば、社会問題を解決し、個人のニーズにも答えられる。

サービスの内容と質次第ではあるが、人間ドックの高額コースである一回十万円程度の値付けが可能になれば大きな市場を形成できる。
市場が成立するカギの一つは遺伝子の解読を簡単かつ低コストでできるようになることと、多くの利用者をいち早く獲得することである。データが多くなればなるほど、ＡＩが学習し、予測の精度を高めていける。

集めるデータ、利用者に返す結果のデータ、共に健康や寿命というセンシティブデータを扱うため、セキュリティの維持、利用者との合意形成、結果説明における文言、などに細心の配慮が求められる。多くの人にとって「自分の寿命はあとどのくらいか」は、重大な関心事だ。高い確率で余命わずかなことが分かれば、それに備えた形で人生を全うしたいと思うだろうし、病気の治療を止めて緩和ケアを選ぶかもしれない。

また、寿命の予測方法が進化すれば、生活習慣の違いに応じた寿命シミュレーションも可能になる。今の生活習慣をどのように変えれば寿命を何年延ばすことができるか、といった生活習慣支援プログラムを個人ごとに設計できるようになる。未病のうちに先手を打ち、健康を長く保つことができれば、医療費削減への寄与も大きいだろう。

攻略のポイント

- ☑ 遺伝子解読の簡易化と低コスト化
- ☑ 人の健康状態や行動のセンシング
- ☑ AIを活用した寿命予測モデルの構築
- ☑ 入力データが多いほど予測精度が向上

010

フードテック

「すべての人」が対象のイノベーション

市場の規模

86億人

出所：United Nations「2019 Revision of World Urbanization Prospects」

市場の概要

- ユーザーの見える化
- 食の個別最適化
- 医食同源
- 代替タンパク質
- ビジネスモデル

フード（食）とテクノロジーを掛け合わせた造語である。「食のイノベーション」と言い換えることもでき、その対象範囲は、植物由来の「代替肉」、レシピと調理家電の連携、調理ロボット、フードデリバリー、植物工場など幅広い。

フードテックの勢いを象徴する出来事が二〇一九年の初めにあった。毎年一月に米国ラスベガスで開催される電子機器の見本市CESに、植物由来の代替肉が初めて展示され話題になったほか、フードテック専門のイベントが併催されたことだ。

CES併催イベントに限らず、世

界各地でフードテックをテーマにした新興のイベントが次々に生まれている。米国のテクノロジー系ファンド、ビル・ゲイツ氏や俳優のレオナルド・ディカプリオ氏らエンジェル投資家は、フードテックを手掛けるスタートアップ企業に投資している。

なぜ今フードテックなのか。背景として、世界規模での人口増加による将来的な食糧危機への不安が挙げられる。さらにQoLの観点から食への関心が高まり、かつ多様化していることがある。加えて、インターネットの普及によって個人の嗜好や活動の「見える化」ができるようになったことも大きい。個人の見える化が進むことで、個人の趣味嗜好、健康状態などに合わせて個別最適化された食事や食関連のサービスが提供されやすくなっている。

フードテックの市場は巨大だ。二〇三〇年に世界の人口は八十六億人に、二〇五〇年には百億人になると言われる。これらの人々すべてが、フードテックの顧客になる。対象が広大であるゆえに、市場を俯瞰し、どこからどのように攻めるかがカギになる。

人々のニーズを起点とし、ニーズに合致するサービスを提供するのに足りないものは補い合うという新しいエコシステムを作っていく必要がある。健康や生命にかかわるだけに品質を担保することはもちろんだが、ニーズをいち早くとらえて実現に向けて素早く動かないと、大きな変革は起こせないだろう。

攻略のポイント

- ☑ 世界市場の俯瞰
- ☑ エコシステム
- ☑ アクション！

011

オーガニック商品

健康と環境に配慮した農作物や化粧品

市場の規模

2030年、農産物・化粧品・日用品類など

年間2兆円

日経BP総研推定

市場の概要

- 健康や地球環境に配慮した農作物や化粧品
- 消費者の意識の高まりが背景に
- 欧米では食品について数兆円の市場

日本の「オーガニック」市場が拡大中だ。代表的な商品は、農薬や化学肥料を減らした、あるいは頼らない農法による野菜や果物、健康的な飼育環境で作られた畜産物、天然由来の原材料を中心とした化粧品や石けん類など。ここ一〜二年で大手スーパーが売り場を拡大、またオーガニック専門店の出店も進んでいる。健康や環境問題への関心が強い消費者の増加を反映してのことだ。

このような消費者は、オーガニック食材を原材料に使った加工食品、海洋資源の持続性に配慮した魚介類、オーガニック綿を使った衣料品、

攻略のポイント

- 商品の実利を打ち出す
- 販売価格を下げる
- そのために新技術と流通改革

化学物質の使用を減らした家具、オーガニック食材を使ったレストラン、オーガニック分野の商品やサービスを集約したイベントなどにも投資する傾向がある。総じて、「健康、地球環境、社会の持続性に配慮した商品やサービスの集合」がオーガニック市場を構成している。

この市場で中心となるのは食品だ。調査機関によって差異はあるが、国内のオーガニック食品市場の規模は二〇一七年前後で千億円台〜四千億円台と推測されている。一方、欧米のオーガニック食品市場は一ケタ大きい。例えば米国ではオーガニック食品の総売上高（二〇一七年）は四百五十二億米ドル（四・八兆円）、ドイツは百十三億米ドル（約一・二兆円）である（FiBL＆IFOAM「The World of Organic Agriculture Statistics & Emerging Trends 2019」より）。人口の違いを考慮しても日本よりかなり大きい。

それだけに日本市場を広げる余地は沢山ある。まず、定量的・定性的な調査を通じて、商品の実利的なメリットを打ち出すことが必要だ。従来オーガニック食品や化粧品は「健康的」「環境に優しい」などのイメージで訴求する傾向が強かった。食品に関しては定量的な調査が少しずつ行われるようになった。国内のNPO（非営利組織）などが有機栽培で育てた野菜を一定期間食べ続けることで尿内の農薬濃度が低減するというデータを公表している。

食品については価格を下げることも必要である。例えば有機栽培による野菜の小売価格は、慣行農法の野菜に比べて約二倍。アグリテックの導入や流通プロセスの改革により販売価格を下げられれば、さらに広がりを見せるだろう。

012

完全食輸出

胃袋を掴めば世界が獲れる

市場の規模

完全食市場が最低限狙える規模

約53兆円

2018年の日本の健康志向食品市場規模

1兆4260億円

出所：富士経済調べ。健康志向食品（明らか食品・ドリンク類）

市場の概要

- 健康問題の解決
  健康食品としての需要
- 食糧問題の解決
  貧困層の日常食としての需要
  全人口の緊急食としての需要

「これを食べるだけで一日に必要な栄養素が摂れます」。

こうした食材を完全食と呼ぶ。健康食品、サプリメントの延長として出てきたこともあって栄養面の機能は優れているものの、値段も味もまだ今一つの段階だ。現在はベンチャー企業や大手食品メーカーが市場を形成している段階にある。

完全食が注目されている理由の一つは健康問題である。もっと痩せたい、少量で腹持ちのよいものを食べたい、病気を未然に防ぎたい、健康診断などの検査で好結果を得たい、というニーズに応える。これは、健康食品やサプリメントが先進国で必要とされている理由と同じだ。

もう一つ、食料問題がある。世界各地で災害、紛争、飢饉が起きており、手早く一通りの栄養を摂れる非常用食料は常に求められている。

この市場で成功するには、言うまでもないが完成度を高め、栄養をきちんと摂れるものを開発しなければならない。海外市場を狙うためにはコスト面の優位性も必要だ。栄養とコストの課題を達成し、その上で美味しいもの、健康に資する機能を持つものをつくっていく。現状の食材や技術の組み合わせでは、画期的な品質やコスト競争力は得られないかもしれない。そうなると、特許に基づくような、今までとは全く異なる素材や加工法の開発が成功のカギになるだろう。

攻略のポイント

- ☑ 栄養面での完成度
- ☑ コスト面での優位性
- ☑ 風味・機能での差異化

ハードルは高いが市場は大きい。完全食市場が最低限狙える市場は五十三兆円に達すると見られている。すでに米国ではサプリメントだけで十兆円の市場がある。米国に次ぐ規模があるとみられる中国でも数兆円規模で、どちらも拡大を続けている。日本でも、滋養強壮や生活習慣病予防をうたう健康志向食品だけで一兆四千二百六十億円（二〇一八年、富士経済調べ）の市場があり、増加傾向が続いている。

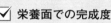

013

フードツーリズム

日本の美味しい魚で訪日観光客を獲得

市場の規模

2020年
訪日外国人飲食費

1兆2000億円

市場の概要

- 美味しい食べ物を目当ての旅行が増える
- 日本の場合、魚に可能性
- 水揚げされた港の近くで消費

外国人観光客が日本に来る大きな理由に「食」がある。食が目的となる旅をフードツーリズムと呼ぶ。これは日本が観光立国を目指すうえで不可欠である。

その先進国はイタリアでアグリツーリズモと呼ばれる。農家が営む民宿に泊まり、その土地の食材とワインを楽しむ旅を指す。

有形のモノ消費から無形のコト消費へと急速に移り変わっていく今、日本でフードツーリズムを産業にする有力な手立ては魚を主役に引き上げることだ。その地方ならではの、旬の魚を食べさせられる店は、これからますます注目されフードツーリズムの主役になれる。旅行者の「胃袋」をつかまえられればリピーターになってくれる可能性が高まる。美しい景色はすぐに飽きるが、美味しいものは簡単には飽きない。

地方ごとにそこでしか食べられない魚があることがフードツーリズムの基礎になる。外国人から人気に火が付いた魚がやがて日本人にも広まっていく。タダ同然だった魚が高級魚に変わり、新たな市場が開ける。外国人に人気という口コミが広がれば、日本人も動き始める。日本人観光客まで取り込めば一気に広がる。決まった食材を大量に用意する必要があるチェーン店とは一線を画した、その地方ならではの飲食店を整えていけばフードツーリズムの拡充につながる。

漁業従事者の所得が増え、サステナブルな漁業を実現できる。このように魚協にとっても得るものは大きい。食品ロス率を下げたい政府方針とも合致する。

従来、漁協は売れる魚しか扱わないため、捕獲数の少ない珍しい魚は一般に流通されず、捨てられるかタダ同然で引き取られていた。水揚げされた魚のうち三十五パーセントは捨てられているという実態がある。マグロやサンマなど特定の魚種に偏っていては差を付けにくいし、隣国と獲り合いになってしまう。

攻略のポイント

- 漁協の理解と協力を得る
- 流通できない魚を調理する人材
- 廃棄率を下げるIT
- 宿泊施設の充実

美味しいが珍しい魚を訪日観光客に食べてもらうには、どの港に、どんな魚が揚がったかを把握し、その魚を望む飲食店や旅行者に伝えることにより、魚の廃棄率を下げ、ムダなく売りさばくアプリと情報システムが不可欠だ。伝えるだけではなく料理店の予約や決済までできるようにすれば、旅行者にとって利便性が増し、評判も上がる。

魚は水揚げされた港の近くで消費させることが重要だ。したがって、どんな魚でも調理できる料理人と料理店を地元で確保する。必ずしも和食である必要はなく、イタリアンや中華でもよい。リスクを取って地方で店を開く人材を見出し、それを支援する体制が求められる。

地元では飲食店だけでなく宿泊施設も整える。その土地における観光客一人あたりの消費額を上げるには宿泊させることがカギとなる。宿泊代が落ちるだけでなく、飲食回数もアルコール類の消費も増える。

訪日外国人が消費する飲食代は一兆円を超えるが、東京や関西など大都市圏での消費額が大きな割合を占めている。これを地方に広げることができればパイが大きくなる。東京オリンピック・パラリンピックがある二〇二〇年、政府は訪日外国人客数四千万人の目標を掲げており、さらなる伸びが期待される。外国人の行先も、これまでの東京、京都、大阪といったゴールデンコースから多様化が進み、全国くまなく外国人が訪れるようになってきている。

なお、以上は漁業（魚）だけでなく、農業でも同様のことが言える（「アグリツーリズム」の項を参照）。

014

制限付き食材

アレルギーやベジタリアンへ配慮

観光で来日する外国人の中には食材に制限を設けている人がいる。いわゆるベジタリアンやビーガン、ムスリムといった人向けには専門の食材や料理が必要である。こうした制限のある人向けの食材、外食、中食は日本ではこれからの市場である。

一方、食材アレルギー対策も必要である。アレルゲン検知システムや食事対策、医療情報提供などが見込まれる。

015

ゲノム編集技術応用食品

期待は高まるが消費者の受け入れが課題

動植物を問わずゲノム編集技術応用食品の研究が進んでいる。従来の遺伝子組み換えではなく、ゲノム編集によって品種改良された農作物が登場、市場で流通する日が近づいている。

世界の大手食品メーカーなどが農作物の改良に取り組んでおり、日本では大学発ベンチャーなどが商品化を進めている。

世界の食市場は拡大の一途をたどっており、二〇二〇年には六百八十億円と巨大化すると見られている。ゲノム編集により、味や栄養価、収穫高を改良した競争力のある食品をつくりだすことができれば、縮退気味だった日本の農業を輸出によって成長路線に戻せるかもしれない。

厚生労働省は日本の農業が世界の先陣を切ることを期待しており、ゲノム編集技術応用食品を販売する前に届け出が必要となる項目を公表、届け出受付を始めようとしている。

この通りになると届け出だけでよく、遺伝子組み換え食品のように食品やパッケージにゲノム編集技術を使ったと表示する必要はない。

市場の概要

- ゲノム編集技術により味や効能を高めた農作物
- 市場流通はこれから
- 輸出拡大の可能性に期待

組み替えた遺伝子を追加するものではないため、従来の品種改良や突然変異と同じである、とみなす考えからだ。

ただし、何かを人為的に変えたにもかかわらずそのことを示さないまま食品が市場に出ることを不安視する消費者はいるため、ゲノム編集技術応用食品がどう受け入れられるか、不透明なところもある。

日本の場合、大学や大学発ベンチャーが取り組んでいる例が多く、どのように産業として育てていくかも課題となる。

なお、ゲノム編集技術応用食品や農作物が受け入れられると、既存の農作物を代替してしまう可能性がある。その際、既存の原種の保存をどうするか、という課題も出てくる。

攻略のポイント

- ☑ 消費者から理解と支持を得る
- ☑ 大企業の取り組み

016

CBD（カンナビジオール）

WHO（世界保健機構）が医療の有効性を認める

CBD（カンナビジオール）は大麻の茎または種子に含まれる成分であり、WHO（世界保健機構）は医療的有効性があることを認めている。CBDを飲料に混ぜて飲むと、リラックスできたり、深く眠れたりするなどの効果があるとされている。既に、てんかんやうつ病の治療に使われた実績もある。そのほかの様々な症状にも効果があるとして研究が盛んに行われており、医療の世界でCBDは注目の成分である。

また、世界アンチドーピング機構（WADA）もCBDを二〇一七年九月に禁止薬物リストから除外している。CBDは運動能力を向上させるものとは考えられていないわけだ。

二〇一九年四月、ゴルフの祭典・マスターズで四十三歳のタイガー・ウッズが復活優勝を果たしたが彼はプレイの最中、常にガムを噛んでいた。そのガムにCBDが含まれているのではないかと米ゴルフ誌が報道した。ゴルフというメンタルがプレイに大きく影響するスポーツにおいて、リラックス効果をもたらすCBDを摂取することは効果的だったのかもしれない。事実は明らかではないが、もしCBDを含ん

市場の概要

- WHOが認めた医療的有効性
- 世界的には「グリーンラッシュ」
- オイルやチョコなどの関連製品

でいたとしても違法ではないしドーピングでもない。

CBDは酩酊作用をもたらさない。大麻において酩酊作用をもたらすのは大麻の穂、葉、根から抽出されるTHC（テトラヒドロカンナビノール）と呼ばれる成分である。CBDを医療大麻、THCを嗜好大麻と呼ぶこともある。いずれも大麻に含まれる成分だが、日本においてCBDは合法で入手可能であり、THCは違法である。

CBDの効果に注目し、大麻産業を成長エンジンにしようという動きが世界各国で広まっており、「グリーンラッシュ」とも呼ばれている。その一つとして二〇一八年になってミシガン州をはじめとする米国のいくつかの州やカナダで医療と嗜好の両方について大麻が解禁された。

日本ではCBDオイルやCBDチョコレートなどが現在でも入手可能であり、今後は世界で急増するCBD関連製品が輸入販売されていくだろう。

ただし輸入販売する際にTHCの混入に十分な注意が必要だ。米国などで売られているCBD製品には、わずかながらTHCが含有されているものもあるが、日本で売るためにはTHCを徹底的に排除しなければならない。

日本においても免許をとることによりCBDを目的として大麻の栽培ができる。CBDを含む大麻の茎や種子の活用に限定して栽培は許可される。THCを含む穂、葉、根の処分方法を明示するとともに、栽培中の大麻が盗まれないように対策を徹底することが求められる。これらの条件が緩和される可能性は低く、免許の取得にはかなりの覚悟が必要だ。

攻略のポイント

- 世界で増大する関連製品
- THCの徹底的な排除
- 大麻取扱者免許制度

ドッグ・スマートシティ整備

「犬を飼いやすい自治体」が名乗りを上げる時代に

市場の規模

2025年 1兆円

日経BP総研推定

市場の概要

- 高齢者の健康維持
- コミュニティの形成
- ペット環境IoT
- 緊急時対応の訓練施設
- 犬猫同伴飲食店

高齢者の一人暮らしが増えている。東京など都市部だけでなく、地方など田舎でも増えている。この傾向に歯止めがかからない。日本に限らず他の国でも起きていることだ。高齢者の一人暮らしは、心身の両面において健康を損ないやすく、犯罪者に狙われる危険性も高く、孤独死の発見が遅れるという問題もある。

こうした社会問題を解決するため、高齢者が犬を飼うことを奨励する動きが出てくる。高齢者が犬を飼うことのメリットは大きい。

まず犬を飼うと心身の健康維持につながる。毎日の散歩が習慣になるので高齢者にとって運動不足解消になるため健康を維持しやすい。

犬を散歩させている人同士は共通の話題があることで知り合いになるケースが多い。散歩の途中で高齢者がコミュニケーションを取る機会が増え、脳の働きが活性化する。知人との輪が広がることでコミュニティが形成される。人とのつながりが増え、コミュニティで食事に出掛けることやイベントに参加する機会が増える。これはアンチエイジングにつながる。

犬そのものに癒し効果がある。犬に餌を与え、飼うことで責任感が生まれ生活に張りが出る。高齢者の安全を守る効果もある。高齢者が心臓発作で倒れるなどした緊急時に犬が吠えたり、騒いだりして助けを呼ぶことにつながる。いつも散歩している高齢者の姿を見かけなくなれば、何かあったのではないかと周囲の人が気付きやすくなる。

以上のように高齢者が犬を飼うことのメリットは多いが、犬を飼う高齢者が増えた場合、町のインフラが十分に整っていない。高齢者が犬を散歩させるための道や公園などが整備されていない。犬を飼う人が集う場所や犬を連れて入る飲食店も少ない。

高齢者が犬を飼うことのメリットに着目した自治体が、犬を飼いやすい町づくりのために投資する。「犬を飼いやすい」というコンセプトを打ち出す自治体が現れ、犬を飼いたい高齢者が集まる安全な町づくりを目指すことになるだろう。

攻略のポイント

- ☑ ペットは家族扱い
- ☑ 周辺サービス充実
- ☑ 殺処分ゼロの実現

018

ライブエンターテインメント

人間本来の欲望を満たす

市場の規模

2018年日本

5685億円

出所：ぴあ総研
前年比10.4%増、内訳は音楽市場3776億円（同8.9%増）、ステージ市場1909億円（同13.3%増）

市場の概要

- 2016年以降、毎年過去最高を記録
- バーチャルでは代替できない体験

デジタル化した社会の中で、アナログ的と思われていた「ライブエンターテインメント」市場が着実に大きくなっている。二〇一八年の国内市場規模は、ぴあ総研が調査を開始した二〇〇〇年当時の約二倍に達した。ネットやバーチャル空間では代替できない体験を提供するライブは今後も右肩上がりで成長していく。

その場その時でないと味わえないライブを体験したい、これは人間本来の欲望だからである。エンターテインメントは本来、非日常を味わうのことが商品価値だった。いつでもどこでもコンテンツを楽しめるとはいえ、ディスプレイの中にとどまっているなら本物への欲望を満たせるとは限らない。モノもサービスもあふれる社会で人々が特に欲しいと思う商品はなくなりつつあり、モノ消費からコト消費への変化が起きている。ライブはコト消費の典型である。

さらに二つのキーワードがある。第一はＩＲ（統合型リゾート）である。ＩＲ推進法が成立し、日本でも三つの施設がオープンすることが固まった。周辺整備も含め投資額は各々一兆円規模になると言われている。ＩＲ推進法をカジノ法と呼ぶことがあるが、ＩＲの面積の大半はホテル、コンベンション施設、ショッピングモールで占め、集客装置はライブエンターテインメントである。カジノの面積はＩＲ全体の三パーセント未満と決まっている。米国のラスベガスが一九九〇年代に飛躍的に伸びたのは、デビッド・カッパーフィールドのようなマジック、シルク・ド・ソレイユのようなサーカスなど、家族で楽しめる新しいライブが登場し、人気を博したことが大きい。最近ではミュージカルがＩＲの定番になっている。

第二は外国人観光客である。訪日観光客を政府は四千万人に拡大すると言う。予想されるのが、ナイトタイムエコノミーの拡充とエンターテインメントの充実だ。すでに新宿のロボットレストランや豊洲のチームラボ・プラネッツは、テクノロジーと融合した新しいエンターテインメントとして外国人から大人気になっている。漫画やアニメ、ゲームが原作の歌舞伎やミュージカルには言葉のハンデを埋める工夫をした演目が生まれつつあり、海外からの観光客も集まる。

攻略のポイント

- ☑ テクノロジーを活かした新タイプの演目
- ☑ 外国人観光客の取り込み
- ☑ プロモーションとチケット購入法の進化

019

スポーツネットワーク

アマチュアでも世界を狙える

市場の規模

球技のトップ5
世界の競技人口

9億7500万人

トップ5はバスケットボール、サッカー、クリケット、テニス、ゴルフ
日経BP総研推定

市場の概要

- アマチュアの試合を世界大会の一部に仕立てる
- インターネットを使うことで可能

スポーツの各競技でプロとして食べていけるのは競技者全体の〇・一パーセント未満に過ぎず、九九・九パーセント以上はアマチュアにとどまる。こうしたアマチュアがプレイしている動画は数えきれないほどインターネット上で公開されている。

これらを集め、プロのスポーツ評論家が観戦、実力を判断し、優秀チームを選抜していく。地区代表から国代表まで選抜を繰り返す。その途中でスポンサーがつけばリアルな大会として開催してもよい。最終的には世界大会を実際に開催する。

動画の再生回数に合わせて広告収

入を各チームに還元したり、クラウドファンディングで特定のチームを応援したりできる。

さらに5Gなどのネットワーク技術が進めば、たとえば日本とブラジルでそれぞれ自国の会場に選手が集まり、体を動かしてサッカーをし、両者が実際に対戦しているように視える画像を全世界に配信する、バーチャルな世界大会を開催することもできる。

AR（拡張現実）・VR（仮想現実）技術を使って遠隔地にいるプレーヤーが相手が目の前にいるかのように対戦することはゲームの世界なら今でもできる。既存の人気のある球技で同様なことをするには技術的にもう少し時間がかかるかもしれない。もし実現できれば、アマチュアスポーツの選手が世界中の相手と簡単に試合ができるようになり、既存のプロスポーツ以上の巨大なビジネスになりうる。

ただし、こうしたスポーツネットワークの担い手の有力候補は、フェイスブックやWeChat（テンセント・中国）のような、巨大SNS（ソーシャルネットワークサービス）企業である。多くの人がすでに参加し、視聴したり、発言したりしていることの強みは大きい。

ただし、欧米のSNSは中国で使えないし、中国のSNSに世界中の人が参加しているわけではない。国の壁をどう超えるかも課題である。アマゾン・ドット・コムが計画中の通信衛星を使ったグローバルなネットワークなら実現できるかもしれない。

攻略のポイント

- ☑ 世界的なネットサービスが優位に
- ☑ VR（仮想現実）技術の応用

020

ギア沼

コストパフォーマンスより価値観を重視

ギア沼とは「ギアを次々に買い続ける人がいる状態」を示す造語である。「ギア」とはダイビングに必要な器材一般の英語表現で、キャンプ、釣り、自転車など器材が必要なスポーツを「ギア系」と総称することもある。「沼」という言い方は、例えば、次々に新しいキャンプ関連商品を買ってしまう人を「キャンプ沼にはまる」と表現することに由来する。

ギア系の趣味を持つ人は通常とは別の価値観で商品を購入する。まず「かぶる」状態を嫌う。キャンプ沼にはまる人はキャンプ場で同じテントが近くにあることを避けたがる。スノーピークというキャンプブランドでギアをそろえる人は「(スノー)ピーカー」と呼ばれたが、かぶるのを避けるため、ノルディスクやヒルバーグといった海外ブランドを並行輸入していた。

こだわりも強い。カーボン製の釣り竿ではなく職人のつくった竹竿を愛用する人がいる。ギアはSNSとの相性が良く、いわゆる「インスタ映え」するかどうかで選ぶ人も多い。このようにギアものでは機能性やコストパフォーマンスは最優先されない。

こうしたことから新しい商品がすぐにコモディティになり価格競争に巻き込まれるといったことはない。一つ前の世代の商品や中古品を安く買って満足するわけでもない。寡占も進まない。テントや自転車には付属する様々な小物があり、小規模小ロットで良質なアウトドアギアを創るガレージブランドが数多く存在する。自分の得意分野を持てば新規参入もしやすい。

021

意識高い系商品

消費者の商品選びの基準が大きく変わる

無印良品のようなシンプルで自然派の商品を積極的に選ぶ若者たちを「意識高い系」と呼ぶことがある。冷やかす意図が入っている言葉かもしれないが、そうではなく、意識が高い若者たちが選ぶ商品群を新たな市場とみることができる。実際、若者に限らず、消費者の商品選びの基準が大きく変わり始めている。エシカル消費という言葉があるように食品なら無添加、化粧品であれば自然由来のものを選ぶ。そうした商品を好む人たちのコミュニティに積極的に参加する。素材のトレーサビリティがあるかどうかも商品の選択に関わってくる。

SDGsやESGという言葉で表される動きを消費者側から見た時に、新しい市場として定義付けができる。それぞれの分野で欧米のメーカーは先行しているが日本は出遅れた感が高い。

海外の企業は事業活動そのものが社会貢献になるよう経営戦略を立てる。動物保護や発展途上国の劣悪な環境改善といったテーマを提示し、それを解決しようというミッション経営を進め、企業ブランディングに活用する成長戦略が描けている。

これに対し、日本の企業は儲けたお金を社会に還元することだけが社会貢献と考えている場合が多い。一例として良品計画はそうした経営戦略が明確であり、意識高い系の支持が高い。

022

アグリツーリズム

自然と生物への触れ合いに期待高まる

アグリツーリズムは農業（アグリ）と旅行（ツーリズム）を組み合わせた言葉である。都市部に住む人や家族が地方の農村や農場まで旅行し、可能であれば一定期間、滞在ないし宿泊し、田植えや稲刈りなど農業の現場を体験することを指す。グリーンツーリズムと呼ぶ場合もある。漁村や牧場も訪問先の候補になる。

狙いは都市圏と地方の交流促進、地方創生、現場体験による教育効果、自然に触れることによる癒し、などである。いずれも重要な狙いではある。

後押しのために農林水産省が「グリーンツーリズム」の旗を振り始めたのは一九九二年度とかなり前になる。全国二百カ所をモデル地域とし、「農山漁村余暇法」をつくり、さらに各種の規制緩和を実施した。

もっとも旅行者訪問者の想定と受け入れる地方の農家や町村の想定が一致するとは限らない。こうした取り組みを知ってもらうこと自体にも時間がそれなりにかかる。

それでも二〇三〇年に向けてアグリツーリズムが発展していく可能

市場の概要

- 農村漁村へ旅行、現場を体験
- 滞在ないし宿泊型
- 政府が各種の規制緩和

性は大きい。まず教育である。体験型授業が重要だと言われており、正式に授業の一環として農業体験を取り入れるようになってきた。

地方の自然の中で学ぶことの意義を重視する傾向は強まっている。農業関連とは限らないが、島や地方にある公立高校に通わせる「地域みらい留学」という取り組みもある。

次にインバウンドの潮流がある。大都市や有名地方都市をあえて避け、地方の農村暮らしを体験したいと希望する訪日観光客が出てきている。滞在を意識した古民家ホテルも増えつつある。

都市ではなく田舎、自然環境の重視、生物との触れ合い、といったことがお題目ではなく、都市圏住民の間から求められるようになってきている。

今後、応用が期待されるのはＩＴ（情報技術）である。テレイグジスタンスやハプティクスといったテクノロジーを使って、遠隔地の現場を都市部にいながら体験できるようになってきた。例えば農村の一部の田畑を共有し、作物の成長をインターネット経由で見守り、刈り入れ後、それを購入する。アグリツーリズムそれ自体を仮想的に提供し、農業のファンを増やし、次に現場へ来てもらう。こうしたアプローチも可能になる。

日本のアグリツーリズム市場は現在五百億～千億円前後、五年以内に一・五倍に達するとみられる。

攻略のポイント

- ☑ 教育との連携
- ☑ インバウンド
- ☑ テクノロジー活用

023

Tech Art輸出

R&Dによる産業アートが世界で台頭する

市場の規模

世界のアート市場

7兆円

出所：文化庁2016年

日本のクリエーターが生み出すメディアアートやインスタレーションアートのニーズが世界中で急増している。日本の様々なジャンルのデザイナーがアート志向を高めており、彼らの名前が世界中に知れ渡ってきたことが大きい。

イタリア・ミラノで毎年四月に開催されるデザインの祭典「ミラノサローネ」や、毎年十二月に米フロリダ州で開催される「デザインマイアミ」といったデザインとアートが融合するイベントにここ数年、日本のデザイナーや企業が参加し続けた。その結果、禅を彷彿させる日本のシ

市場の概要

- これまでは、買っても売らない
- 日本の技術×アート「Tech Art」
- R&Dをそのまま作品にして
- ブランディングも向上する

ンプルさや日本独自の文化が持つ世界観が、世界で受け入れられ始めた。シンプルな美しさを精巧に実現するデジタルテクノロジーやモノづくり技術も併せて輸出されるようになってきた。

急先鋒を行くのがチームラボをはじめとする日本のデジタルアーティスト。チームラボは上海やシンガポール、ロンドンなど世界中で同社が作り上げたコンテンツを活用したアートインスタレーションを展開、多くの人を集めている。

プロダクトの分野では、世界的なデザインオフィスのｎｅｎｄｏなどが自作の椅子やインスタレーションなどを、ミラノサローネを中心して展開。展示した作品の多くはアート専門のディーラーを通じてコレクターや美術館に高値で買い取られた。

こうした作品はある程度の数量を作ることが可能だったり、デジタル技術を活用したメディアアートだったりする点が従来と異なる。先行者の成功を見て今、多くの若手デザイナーがこの市場に参入している。日本の製造業のＲ＆Ｄ（研究開発）の力と組み合わせることで高水準のアート作品になり、売れると分かってきたからだ。

ＥＳＧへの取り組みとして企業が地域に貢献をする際、アートを活用するニーズも高まっており、そこへある程度の量産が可能なテクノロジーアートを提案、販売、納入できれば、日本の輸出を大きく伸ばせる。

攻略のポイントはエディションをしっかり管理し、むやみに数を作らないこと。特定の自治体向け、特定の富豪向けにつくることもある。大勢に売るわけではないので、右脳を駆使しハイエンドのデザインを生み出す必要がある。

攻略のポイント

- ☑ エディション
- ☑ パーソナライズ
- ☑ ハイエンド市場

024

武士道の輸出

長寿企業が多い日本を世界に発信

武士道という言葉を持ち出す以上、本来はきちんと定義すべきだが、ここでは日本に昔からある考え方、生き方という極めて広義の意味で使う。

高度成長時代、いわゆる日本的経営が世界から注目され、賞賛されたことがあったが、日本経済の成長鈍化に伴い、昨今ではジャパンパッシング（素通り）と言われてしまった。

だが、その一方でアニメーションや漫画、日本食、日本の田舎を好み、日本でそれらを味わうために来日する人々がいる。経済や経営についても日本には百年以上存続している老舗企業や老舗店が十万近くあると言われる。老舗の多くは短期的な利益を追わず、社員を大事にし、顧客の信頼を得て、もちろん利益も出し、存続してきた。

世界の国々にはそれぞれ何らかの考え方、生き方があり、優劣を競うものではないにしろ、日本が持っている何かを発信することは必要だろう。

急成長を続ける新興国の人々もいつかは経済発展の限界や近代化の

市場の概要

- 日本の生き方は一つの魅力
- 日本ファンは日本の顧客

弊害に直面する。世界の人口がこのまま増え続けると地球全体がいわば一つの島国のようになる。そうなったとき、足るを知る、もったいない、共存共栄といった島国日本の考え方、生き方は一つの拠り所になる可能性がある。グローバルなビジネスの世界でも武士道がリスペクトの対象になり、経営に生かされるかもしれない。

だからといって日本の良さを鳴り物入りで強引に輸出するものではない。まず良さを分かってもらう。分かってくれた人を少しずつ増やす。そこから始める。

カギは日本語である。「おかげさまで」「ご苦労様」といった言葉には、良くも悪くも日本ならではの考え方、生き方が込められている。

北海道旭川の郊外にある東川町は全国で初となる公立日本語学校をつくった。短期留学生に町に住んでもらい、日本語を学んでもらう。これだけが原因ではないが、東川町の人口は増えつつある。あまりにも気の長い話に思われるかもしれないが、日本を分かってくれた人は日本に住むかもしれない。日本のファンが増えれば日本の商品を買う人が増える。世界で推薦してくれる。ビジネスありきで進める取り組みではけっしてないものの最後はビジネスに直結する。

攻略のポイント

- ☑ 関心がある人を満足させる
- ☑ 日本語教育を充実させる

Z世代消費

デジタルネイティブが消費を変える

市場の規模

世界のZ世代の数

約20億人

出所：「世界の統計2019」（総務省統計局）のデータを基に日経BP総研推計

市場の概要

- Y世代と異なる消費嗜好
- 先頭は20代前半
- 日本は約1800万人
- 世界では約20億人
- デジタルネイティブ世代

新たな消費の主役として、「Z世代（ジェネレーションZ）」に対する注目が高まっている。Z世代の定義には諸説あるが、一九九〇年後半から二〇一〇年頃までに生まれた若年層を指す。その数は日本で約千八百万人、世界では二十億人に上ると見込まれる。

Z世代は生まれた時からインターネットとSNSなど交流サイトが当たり前の環境で育ったデジタルネイティブであり、前の世代である「Y世代（ミレニアル世代）」とは異なる嗜好を持つとされる。先頭が二十歳を超え、順次社会に出る時期を迎えている今、新たな市場創出のチャンスと見ることができる。

社会的意識が高く、他者への偏見が少ないとされるZ世代だが、消費の特徴として「マイペース」であることが挙げられる。二〇〇八年の世界金融危機による混乱を見て育った人が多いせいか、お金を使わない世代と言われることもあるが、そうではないと見る人も多い。

「ソーシャルネイティブの『いま』と『本音』を知るメディア」である「Z世代会議」の調査によれば、多くのZ世代が「ショッピングは楽しい」「自分が気に入れば有名ブランドの商品でなくてもよい」「クーポンやポイントなどの特典を積極的に活用したい」と回答している。ブランドへの拘りは少ないものの、消費嫌いというわけではなく、自分が価値を認めたモノやサービスに対しては支出を惜しまない傾向も見受けられる。

Z世代の取り込みで課題となるのがマーケティングの進め方だ。子供の頃からスマートフォンが身近にあり情報収集に長けているこの世代は、企業から一方的に発信される広告や宣伝に懐疑的だ。商品やサービスの選択においては、自分と同じ目線を持つ特定の個人やインフルエンサーなどの影響が大きいとされる。

テレビ広告など従来型のマーケティングが通用しづらい中、ワン・ツー・ワン・マーケティングやインフルエンサー・マーケティングなど、新たな手法で攻略を図る企業が多いものの、いまだ開拓しきれていないのが実情だ。Z世代の本質を深く理解し、共感してもらえる仕組みを作ることが市場開拓の鍵と言える。

攻略のポイント

- ☑ 共感の提供
- ☑ 有名ブランド以外の付加価値
- ☑ 新たなマーケティングの開発

026

DtoC（ダイレクト・ツー・コンシューマー）

消費者に直接販売・サービス

自社で商品を企画し、製造し、ネット通販を中心に自社で販売チャネルを構築し、直接消費者に商品やサービスを届ける。いわゆるDtoC（ダイレクト・ツー・コンシューマー）と呼ばれるビジネスモデルがシリコンバレーのベンチャーを中心に急成長を遂げている。

チャネルに関わる無駄な販売管理費が大幅に圧縮でき、価格競争力を優位に保てる（Price）、顧客と直接つながることでそのニーズを簡単に吸い上げることが可能になるため商品開発力が上がる（Product）、チャネルに依存しなくて済むため適切なブランド管理を行いながら顧客にマーケティングができる（Place&Promotion）。

DtoCは以上のマーケティングの4P戦略に加え、さらにターゲットに刺さる豊かなエクスペリエンス（exPerience）を加えた5Pを満たせるビジネスモデルである。それゆえ旧来型の産業を破壊する威力を持ち、市場構造を大きく変えると見る向きもある。

DtoCビジネスの多くは、顧客と長期的な関係を築くことが必要になり、その多くがサブスクリプション型の販売形態をとる。

市場の概要

- 消費者に直接商品を届ける
- モノだけではなく体験も届ける
- 大手企業あるいは個人が参入

顧客との関係づくり、つまりマーケティングの手法も大きく変化すると考えられ、ＤｔｏＣモデルを採用する企業のみならず、彼らのためにブランディングやマーケティングのサポートを行う企業に求められるものも変化する。したがって、そこに対応できれば大きなビジネスチャンスが広がると考えられる。

さらに企業ではなく個人が製品を企画、クラウドソーシングやクラウドファンディングを使って、開発者や資金を集め、製品をつくり、販売するといったことも可能になっていく。

近年は、ネットベンチャーだけではなくさまざまなメーカーがＤｔｏＣビジネスに参入し始めた。丸井はＤｔｏＣメーカーに出資をしながら、自社店舗をこうした企業向けの「ショールーム」として活用してもらう戦略を取り始めた。

海外では、フランスのロレアルなどの大手化粧品メーカーも、ＤｔｏＣ専用の部門を設置し、メーカーによるネット直販に力を入れ始めた。

経済産業省によれば、日本のＥＣ（電子商取引）市場は年々拡大し、二〇一八年で十七兆九千八百四十五億円になった。それでも市場全体におけるＥＣ化率はまだ六・二十二パーセントほどだ。メーカーが直接、ＥＣを手掛けるＤｔｏＣビジネスが増えることで、日本のＥＣ市場はまだまだ大きく拡大するだろう。

攻略のポイント

- ☑ 顧客との関係づくりの再考
- ☑ サブスクリプションの導入

027

完全介護ロボット

高齢者の世話を一手に引き受ける

市場の規模

介護・介助支援ロボット
国内市場2035年

1837億円

出所：2035年に向けたロボット産業の将来市場予測（経済産業省・NEDO）

二〇三五年に要介護四ないし五の認定者は二百二十一万人に増えるものの、介護職員は七十九万人が不足すると見込まれている。高齢者介護の充実と介護職員の定着率向上のために、ロボットやITの利用は欠かせない。

高齢者の身の回りの世話や入浴、移動、コミュニケーションを一手に引き受けるオールラウンダーの介護ロボットに期待がかかる。こうした介護ロボットの市場として、日本はもちろん、最終的には「老いる世界」全体が見込める。

介護ロボットは高齢者の見守りやコミュニケーション、移乗・移動、入浴・排泄などを支援する多機能型になる。介護施設の

攻略のポイント

- 見守り、移動、入浴・排泄支援などの多機能型
- 介護職員が心配しない安心設計
- 導入費用を極力抑える工夫

広さや使い勝手を考えると、単機能のロボットを複数台導入するのは難しいからだ。

完全介護ロボットを実現するハードルは高いが、移乗支援（装着、非装着）、移動支援（屋外、屋内、装着）、排泄支援（排泄物処理、トイレ誘導、動作支援）、見守り・コミュニケーション（施設、在宅、生活支援）、入浴支援といった分野で開発が進んでおり、一部はすでに利用されている。

028

テクノロジー介護

夜間おむつを代替するマシンパンツ

介護の世界をより良くしていくことは喫緊の課題であり、テクノロジーの応用についてあらゆる可能性を検討する必要がある。例えば、夜間のおむつ交換は介護者にとって重い負荷になっており、ここをマシンに代替してもらえれば多くの人が救われる。高齢者と介護者のQoLを考え合わせると一種の睡眠カプセルのようなものになるかもしれない。また、認知症改善ケア理論に則って優しく接してくれる看護師が登場するVR（仮想現実）サービスも考えられる。ケア理論を学習したAIが対話する仕組み。離れたところにいる娘や息子が動画で登場し、団欒する。懐かしい生家をVRで再現してもよい。

029

終活総合サービス（葬儀・墓）

新形態で高単価へ

市場の規模

国内の葬祭ビジネス市場規模

4兆円

出所：『50代からの「稼ぐ力」』（大前研一著、小学館）

市場の概要

- 今後30年間、葬儀施行件数は増加
- 葬儀にかける費用は頭打ち状況
- 高単価の新形態に成長の可能性

平成三十年版高齢社会白書によると、六十五歳以上の一人暮らしの人数は平成二十七年（二〇一五年）で男性約百九十二万人、女性約四百万人。高齢者人口に占める割合は男性十三・三パーセント、女性二十一・一パーセントとなっている。この割合は二〇四〇年ごろまで急上昇するため、孤独死に備える終活総合代行サービスも急拡大する。

超高齢化社会により今後三十年間、葬儀施行件数は増加していく一方、単身世帯の増加などで葬儀にかける費用は頭打ち状況になっている。IT終活などとセットにした総合サービスが登場しているが実際の利用者は大幅には伸びていない。

ただし、今後は宇宙葬・樹木葬・海洋散骨といった新形態で高単価のサービスが成長していく可能性がある。

また、二〇三〇年以降に火葬場で順番待ちに陥る「火葬渋滞」が発生する。これに備え、火葬までの間、遺体を一時的に預かる「遺体ホテル」など遺体安置ビジネスが伸びるとみられる。

新しいサービスをつくっていくには、サービスに申し込むと、いかに楽になり、面倒が少ないかを利用者にアピールする必要がある。

人生百年時代を迎え、最後に人は誰しも非健康状態になる。その前にあらかじめ利用者を獲得し、説明し、契約を取り交わしておく必要がある。

葬儀、仏壇、墓のポータルサイトを運営する鎌倉新書など、ＩＴを活用して新たなビジネスを生み出している企業も存在する。

攻略のポイント

- ☑ いかに楽で面倒が少ないかをアピール
- ☑ 利用者の早期獲得
- ☑ IT利用で新たなサービスを付加

030

終活総合サービス（資産・資金など）

ニーズは明確、どう応えるか

終活を支援する総合サービスとして、葬儀・墓と並んで必要なのは資産・資金の管理である。一人暮らしの高齢者にとって、日々の生活を充実させ、安心して終活を進めていくためには先立つものが不可欠で、それをしっかり維持したいと当然考える。

ニーズは明確であり、それに応えるビジネスとして例えばリバースモーゲージがある。持ち家を担保に融資を受ける仕組みで、亡くなったときに持ち家を売り、融資を返済する。最期まで勝手を知った自宅に住み続けることができる。リバースモーゲージの変形として、一人暮らしには大きすぎる持ち家を貸し出し、家賃で融資を返済していく方式もある。

だが、このビジネスには多くの金融機関が参入し、競争過多のレッドオーシャンになっている。お金に関するニーズとして、詐欺に遭わないように守ってもらう、亡くなる前にやっておきたい夢をかなえる資金の提供を受ける、社会に役立つ寄付をする、など、もう一歩踏み込んで検討する必要がある。

市場の概要

- 終活に関わる資産と資金の管理支援
- リバースモーゲージに多数参入

第二章　筆者名一覧

朝倉博史
市川史樹
岩居浩朗
江田憲治
及川知人
大滝隆行
大塚葉
荻原博之
小谷卓也
神農将史
菊池隆裕
菊池珠夫
木村知史
桑原豊
品田英雄
神保重紀
瀬川弘司
高下義弘
高橋博樹
徳野健一
藤井省吾
藤野正行
丸尾弘志
谷島宣之

第三章

人のデジタル化、超人化

個人情報こそ資産

031

人間の高度化

最後のフロンティアは人間そのもの

社会の在り方を変え、仕事のやり方を変え、生活を変えてきたテクノロジーにとって最後のフロンティア（未開の地）は人間そのものである。前章で紹介したように健康や医療の領域に最新テクノロジーが次々に適用されている。さらに人そのものの情報の活用や、人の機能をテクノロジーで向上させる取り組みが新たな市場をつくると期待されている。

一人ひとりの人が発生させる、あるいは取り入れる情報量は極めて多い。医療データ以外にも、日々の仕事や生活で様々なデータを発生させ、利用している。これらを記録、分析することで生活や仕事の利便性を高められる。提供できる範囲の情報を外部に売ることもできる。

こうした個人の情報のうち、かなりのものはインターネット上の検索やＳＮＳ（ソーシャルネットワーキングサービス）といったサービス事業者が集めている。これを個人が自分で持つようにし、個人の判断が必要に応じて情報を貸与したり販売したりするようになると考えられる。ただし、この管理を個人がするのは煩雑なので管理代行サービスが登

市場の概要

- 人間に関する情報活用
- 脳を鍛えるなど超人化

場するだろう。個人情報活用のコンサルティングも含め、新しい市場が期待される。

一方、人の機能強化についてまずターゲットになるのは脳である。脳科学の知見を活用した、脳機能の向上や低下防止のトレーニングサービスが登場している。

どこまで認めるのか、議論の余地があるが、脳に外部から刺激を与え、学習能力を上げ、やる気を出すテクノロジーもすでに登場している。さらに様々なサポート機器により人体そのものを強化する研究も進んでいる。

いずれも「もっと人の力を引き出そう」「本来の力を発揮させよう」という意図で開発が進められているが、テクノロジーと人間の一体度が増していくことになり、前述の通り「どこまで認めるべきか」というルールも合わせて検討することが求められる。

攻略のポイント

- ☑ AIとITの徹底利用
- ☑ 情報セキュリティ
- ☑ プライバシーへの配慮
- ☑ 倫理問題

032 クローン・エージェント

本人を超えるＡＩが本人を助ける

市場の規模

2030年グローバル

10兆円

日経BP総研推定

市場の概要

- 人間のクローンのように振る舞うAI
- 本人に代わってクローンが判断する
- 個人向けサービス

リアルな機器や都市とほぼ同じ振る舞いをコンピューター上のバーチャルな機器や都市にさせることができる。これをデジタルツインと呼ぶ。その人間版がクローン・エージェントである。

個人の体験や行動、感情の変化をデータで把握し、コンピューター上のクローンに共有させる。クローンは学習機能を持つＡＩである。学習を進めることでクローンがその人の行動や欲求、感情などをさながら当人のように推測できるようにする。

次にこのクローンＡＩが様々な情報、社会状況、資産や住宅、家族の状況などを常時モニタリングする。本人が身に付けているセンサーから行動データを採ったり、インターネット上の公開情報を集めたりする。

クローンは当人以上の確度と視野の広さで周囲の情報を把握し、それに基づいて当人に最適なアドバイス、リコメンド、アラートを発する。例えば、本人が必ず欲しがる商品を本人が知らないサイトで発見してリコメンドする。本人なら必ず対策を打つであろうリスクを本人以上の視野で感知、アラートを発し、本人が好みそうな対策案について依頼先などをアドバイスする。こうした機能を備える。

場合によっては購買や手続き、連絡などを代行することもできる。ここまで来ればエージェントと呼ぶことができる。

さらに各種のサービス利用、学習、コミュニケーション促進、健康管理、安全確保、家族の状況把握といった、生活あるいは仕事の様々な局面でサポートを得られるようになるよう、関連する情報を常時収集し、本人の行動予測に沿ったかたちで選別、ソリューションを添えて本人に伝える。

こうしたサービスの提供者として最も有利な位置になるのはグーグル、フェイスブック、アマゾン・ドット・コムといった巨大インターネットサービス企業だが、これ以上情報を委ねることを嫌がる利用者もおり、新興企業が成長する可能性はある。

攻略のポイント

- ☑ ビジネスモデル
- ☑ コラボレーション

033

リアルタイム・マッチング

理想の出会いを常時探索、通知

市場の規模

2030年

2500億円

日経BP総研推定

市場の概要

- P2Pが今以上に重要に
- 出会いはもうAI任せ
- 恋に仕事に趣味に常備
- リアルタイムバリュー増大
- 低コストで利用

「あなたの将来の伴侶となるかもしれない人が、今そこの街角からこちらに向かって歩いて来ます！」。イヤホンで音楽を聞いていたところ、いきなり中断され、ＡＩが話しかけてきた。それらしき人を見付けると、その人もこちらを見ている。普段のＡＩは「あの人、ちょっといいかもしれません」とささやく程度だった。今回は違う、大金星のマッチング相手を発見してくれた――。

このように個人のパートナーとの出会いは、リアルタイム・マッチングを通じてかなえるのが当たり前になるだろう。もちろんビジネスにおける潜在優良顧客やより有利な仕入先との出会いにもリアルタイム・マッチングは役立つ。

近い将来、多くの仕事を機械が取って代わるようになると、人と濃密に接する仕事が増える。今後、人の携わるビジネスとしてバリューを求められるのは接客やコンサルティング、共創など一人ひとりとの高い関係性だ。したがって人と人とのマッチング支援は重要なサービスとなる。高い成約を期待できる正確性と即応性を持つサービスが利用されていく。近未来はリアルタイムバリューがより重視されるからだ。

個人のプロフィールについて行動やモノの趣味嗜好から活動時間・休暇日、行動範囲・パターン、年収など、ありとあらゆる情報が常時収集されている。ＡＩを使えば、これらの個人データを常時、総合的に解析することにより、リアルタイム、リアルプレイスの出会いをピックアップできる。

マッチングの範囲は、多様なニーズに合った異性・同性同士の出会い、ビジネスにおける潜在顧客や仕入先など定番の出会いにとどまらず、今楽しみたい趣味や娯楽の同行者、悩みの相談先、モノの運搬委託先といったように多彩になっていく。

この市場に参入する企業は様々だ。ネット、情報処理、通信キャリア、電子デバイス、結婚相談所、人材紹介などが考えられる。市場を取っていくには、高いマッチング性能、リアルタイム性能と合わせて、万が一にも大きなマッチングミスは犯さない安心・安全の確保がカギになる。

攻略のポイント

- ☑ 情報銀行の活用先
- ☑ 高速最適マッチングAI
- ☑ 安心と安全管理の徹底

034

個人格付け

国や企業の格付けに続き個人も

市場の規模

2030年グローバル

10兆円

日経BP総研推定

市場の概要

- 個人の信用情報を基に格付け
- 決済のほか購買やトラブルの履歴も評価

国や企業の格付けと同じように、個人の信用情報や活動実績、資産、購買力などを基に個人を格付けするサービス。想定しやすいのは決済状況、購買活動など個人の経済活動に関わる格付けだろう。

過去の決済状況、資産状況、就業状態などからクレジットカードの発行可否を判断するなど、個人の信用情報はすでに一部で利用されている。こうした決済関連データだけでなく、購買履歴から得られる推定購買力、決済の遅延などのトラブル履歴、行動の反社会性の有無などをネット上の行動履歴や決済機関、流通、ネットオークションの評価などから個人に紐づけ、格付けのデータとして利用するようになる。この格付けに応じて、商品の先渡し購入やローン設定の可否、決済金額（クレジットカードでいえば使用上限額）などが決まる。

さらには、その人の犯罪履歴、SNSなどでの書き込み、交友関係、購買活動に伴うクレーム履歴などから、その人がある行動をする場合のトラブル発生確率などを格付け項目として取り込む動きも出てくるだろう。

正確な格付けの獲得によって経済活動などを円滑にするため、評価される側の個人が、積極的に行動履歴や購買履歴、決済履歴などの情報を格付会社に提供、その情報利用料を個人に還流してもらうサービスも登場する可能性がある。

こうした情報は決済や契約の与信にとどまらず、マーケティングなどにも利用範囲が広がる。このため、こうしたデータを利用するサービスの関連市場はさらに大きくなるだろう。

攻略のポイント

- ☑ マーケティングにも応用
- ☑ 情報利用料を個人に還流も

035

情報銀行

個人情報活用のハブ機能

市場の規模

経済成長132兆円

(2030年、実質GDP押上げ効果)

出所：平成29年度　情報通信白書

市場の概要

- 個人情報の活用（GAFA対抗）
- 情報銀行認定制度
- PDS（Personal Data Store）
- データ取引市場
- AI

情報銀行とは、個人の属性や行動、購買記録など個人情報を個人から委託されて管理し、情報を必要とする企業や自治体などに提供する仕組みである。個人情報活用のハブと言い換えてもよい。

様々な企業や団体が情報銀行の業務を担うことが可能である。情報銀行を担う企業や団体は個人の要望に沿った提供先企業を適切に選定する役割を担う。情報提供を受けた企業は情報活用によるメリットを個人に還元する。

情報銀行によって、これまでグローバルなネット企業などが独占してきた個人情報を、個人のコントロール下に置くことが可能になり、かつそれを様々な企業や自治体などで利用できるようになる。

個人情報を管理する機能としてPDS（パーソナルデータストア）が必要となる。PDSは個人に関連する情報を管理し、個人の維持によって企業に個人情報を渡したり、販売したりする際に利用する。

民間による情報銀行の認定制度が二〇一九年に始まり、三井住友信託銀行やフェリカポケットマーケティングが認定を受けた。認定事業は日本IT団体連盟が実施している。ただし、認定を受けなくても情報銀行事業は行える。

事業の収入は主に集めた個人情報を企業に提供する対価で得られる。市場規模は個人情報の数と価値による。市場規模の算定は難しいが、個人情報の活用によりデータ駆動型社会が実現し、二〇三〇年には百三十二兆円の実質GDP押上げ効果が見込まれると総務省は試算している。

この市場を攻略するには当然ながら個人情報を集めなければならない。そのためには企業としての信頼と、個人に提供するメリットがポイントとなる。さらに集めた個人情報の活用にはデータ活用に長けた人材が必要になる。

攻略のポイント

- ☑ 信用力、安全性
- ☑ 個人のメリット
- ☑ データ活用人材

働き手の市場価値算出

キャリア形成コンサルティングも活発に

市場の規模

2030年労働力人口の見通し
（成長実現・労働参加進展シナリオ）

6392万人

出所：独立行政法人 労働政策研究・研修機構「労働力需給の推計ー労働力需給モデル（2018年度版）による将来推計ー」（2019年3月）

市場の概要

- 個人スキル、実績、信用度を一定基準で評価
- 自身の市場価値を上げる
- キャリア形成コンサルティングが活発に

会社員やフリーランスなど働き方の違いにとらわれず、個人のスキル・実績・信用度などを一定の基準で評価するサービスが生まれ、個人の市場価値を上げるためのキャリア形成コンサルティング市場が拡大する。

その背景は次のようになる。二〇三〇年には企業の終身雇用が崩壊、定年という考え方もなくなる。プロジェクト単位で、副業やアルムナイ（自社退職者の活用）など多様な立場のメンバーも共に働くことが当たり前になる。

そのため、働き手一人ひとりの市場価値を客観的に表現し、働き手と

企業双方に市場価値を明示するニーズが高まる。現在、厚生労働省による職業能力評価基準が整備されているが、対象となる業種・職種に限定的だ。企業側をみるとすでに、楽天、メルカリ、ヤフーといったインターネットサービス企業がピープルアナリティクスやAＩの利用によって個人のスキルを可視化・定量化し、採用・配置・評価に役立てている。

まず、人材サービス企業が市場価値算出サービス事業に参入するだろう。ただし市場価値の算出には公平で高い透明性が求められるので国の認可事業となる可能性もある。

さらに、働き手一人ひとりが市場価値を高めるためのキャリア形成コンサルティング事業が活発になる。国内では二〇一九年時点で四万四千人のキャリアコンサルタント（国家資格）登録があるが、働き手の市場価値算出によって、より精度の高いコンサルティングが可能になる。

特にニーズがあるのは、出産や育児でキャリアが不連続になりがちだった女性や、これまでキャリアプランという考え方を持たずにきたシニア層とみられる。キャリア期間の延長によってコンサルティングを受ける機会も増えていく。

キャリア形成といった場合、スキルや経験、職歴といった目に見えるものに加え、個人の仕事観、ポリシーも重要である。特に日本の場合、後者への気付きと意識改革が求められる。例えば、日常的にキャリアに対するアドバイスができるAＩを搭載したチャットボットなど、さらに新たなサービスが生まれるかもしれない。

攻略のポイント

- ☑ 見えないキャリアへの気付き
- ☑ 働き手の意識改革

037

ブロックチェーン遺言信託

人生の総決算を確実かつ低コストで

市場の規模

2030年相続財産

50兆円

(GDP10%)

フィデリティ退職・投資研究所の2016年調査(46兆円)に基づき日経BP総研推定

市場の概要

- 遺言の助言・作成、保管、執行までを手軽に
- 一切の手続きを自動化
- 忙しい相続人の膨大な時間と手間を削減
- 弁護士・税理士・司法書士の代行
- 全国民の資産移転にかかわる

遺言書を専門家のアドバイスを受けながらブロックチェーンに登録しておく。本人であること、改ざんされていないことをブロックチェーンが担保する。操作はスマートフォンで完結する。

役所に死亡届が出されるとスマートコントラクト(契約を自動実行する機能)が遺言に従って遺産分割(金融機関口座の資産移動、口座閉鎖)、不動産など資産の名義変更、相続税納入に加えて、役所や年金事務所への手続きまで一切を自動的に執行する。

一方、相続人も相続の承認や放棄

をスマートフォンからできる。現在は遺産分割協議書への実印の押印、印鑑登録書の添付、本人確認書類の添付などアナログの手続きになっている。

このサービスを使うことで、相続人は手続き費用と手続きに駆け回る手間と時間が省ける。例えば信託銀行の場合は二百万円近い遺言信託費用が本人にかかる。このため一部の富裕層の利用にとどまっている。公証役場の自筆証書遺言は安いが日本では普及しておらず相続件数の一割に満たない。

また、相続人にとっては百万円近い税理士・司法書士への支払いが発生する。

遺言の作成、修正が手軽になり、本人が認知症になる前に遺言を残せるし、また発見されずに効力を発揮しない遺言を無くせる。すでに米生命保険会社メットライフがイーサリアムと呼ぶブロックチェーンで保険金請求を簡単にする計画を発表した。

ニーズはあり、市場も大きいが、遺言書保管法でデジタル遺言が適用されることが前提となる。法務局をはじめ関係の役所、金融機関、医療機関が新サービスに即応できるように、業務が整理され、情報システムが整備されていることも必要になる。

攻略のポイント

- ☑ ブロックチェーン利用で先行
- ☑ 遺言市場からスマートコントラクト
- ☑ 法制度の改正を後押し

038

脳フィットネス

高齢者・中年・壮年は脳の健康を目指す

市場の規模

2030年国内市場

8000億円

日経BP総研推定

市場の概要

- 脳機能の低下を防止する
- 機能向上を目指すサービス
- アプローチは多様

高齢化に伴う脳機能の低下を防止する、あるいは機能向上を目指す「脳フィットネス」が注目を浴びつつある。

脳科学分野の先端研究を通して「脳機能は年齢に関係なく回復しうる」ことが明らかになってきた。脳フィットネスはこうした脳科学の研究成果に基づき、体系的に組まれたトレーニングで構成する。

脳フィットネスのトレーニングとして目立つのは、研究に基づいて構成されたコンピューターゲーム形式のトレーニング、あるいは脳波測定器を併用した瞑想トレーニングだ。

ただし肉体運動、瞑想、脳機能の観点から見た栄養摂取、自然体験なども脳機能の回復や活性化に役立つという研究もあり、アプローチは多種多様と言える。

この市場を構成する商品・サービス品目としては、脳フィットネスの情報流通（書籍やＷｅｂコンテンツ）、ジム運営事業、機器（脳波測定器など）の開発・販売事業、食品や食事改善のサポートサービス、各種のセミナーやジム以外の場所における参加型ワークショップ（森林での自然体験に脳フィットネスを組み込んだものなど）、バックエンドのＢｔｏＢ取引（ジムへの機器販売など）などがあり、幅広い。

攻略のポイント

- ☑ トレーニング効果の可視化
- ☑ 娯楽性の強い体験も
- ☑ アプローチは幅広く
- ☑ 思わぬ広がりを見せる可能性も

近年、高齢化に伴う医療費の増大が懸念されており、特に治療方法が確立していない認知症は大きな負担となることが予想されている。一方、研究レベルでは脳フィットネスに類するケアを施すことで認知機能が改善された例が報告されている。このため、国の戦略としても注目が集まりそうだ。

市場攻略のポイントは、脳機能の回復という肉体以上に見えにくい領域をどう扱うかである。この点、従来のスポーツフィットネス以上の難しさがある。改善効果を数値などで分かりやすく示し、トレーニングそのものに楽しさを盛り込むことで、やる気を維持できるようにする。関心のある人々のコミュニティ形成を促進する、自然体験や食事など別の側面を前面に押し出してモチベーションを喚起する、といったアプローチも考えられる。

039

ハプティクス

触覚を与える技術が拓く巨大市場

市場の規模

2025年日本国内

5兆円

日経BP総研推定
触覚技術を搭載した機器の国内における年間売上高合計

市場の概要

- 触覚を人工的に再現
- 一部は商品化、研究開発進む
- 災害復旧や遠隔医療に

ハプティクスとは触覚情報を人工的に再現するテクノロジーあるいはシステムを指す。応用範囲はエンターテインメント、作業ロボットの遠隔操作、触覚データを使った教育訓練など幅広い。

各所で研究開発と実用化が進んでおり、身近な例として、画面上のアイコンを押した際、立体的なボタンを押したかのようなタッチ感を再現しているスマートフォンがある。

典型的なやり方として、手や指に装着するデバイスを通して利用者に触覚情報を与える。デバイスに搭載したモーターや特殊素材を使って利用者に振動などの触感を与え、コンピューターからの情報、例えば画面上に表示された物体の感触を確認できるようにする。超音波を使って何もない空間に圧を感じられるようにする手法もある。

注目される手法の一つが慶応大学の大西公平教授が開発した「リアルハプティクス」である。人間が押したり、握ったり、さすったりして、硬さや弾力、動きを感じて得る力触覚情報を、デバイスが物体から把握し、再現するものだ。

デバイスが物体を取り扱う場合、位置に関する制御と物体をつかむ力の制御の両方が必要になる。リアルハプティクスは位置制御と力制御を両立できる。

想定される応用例は、遠隔地で稼働するロボットの操作だ。人間がロボットを遠隔操作する際、ロボットハンドが物体に触れた感触を、手元のコントローラーでリアルに確かめながら操作できる。精緻なフィードバックが必要な分野、例えば遠隔手術・介護における応用が特に期待されている。職人の高度な技能をロボットに継承させる用途も考えられる。

ハプティクス市場の拡大スピードは高価なデバイスの価格がどれだけ下がるかに依存する。医療・介護分野においてはより精緻な触覚再現が求められるため継続的な研究が必要だ。

攻略のポイント

- ☑ デバイスの価格低減
- ☑ より精緻な触覚再現

040

アシストスポーツ

障碍者も高齢者も楽しめる

市場の規模

潜在需要 7万人

日経BP総研推定

市場の概要

- アシストスーツ
- 人工筋肉
- ウォーキング支援
- トレッキング支援

アシストスーツを使ったスポーツ。もともとアシストスーツ（パワードスーツとも呼ぶ）は重いものを持ち上げ、運ぶ際などに作業者の負担を軽くするものだったが、類似のテクノロジーを使えば、体の不自由な人がハイキング、マラソン、サイクリング、山登り、ボート、ゴルフ、ダンス、水泳、ボーリングなどを楽しめる。

スーツの販売やレンタルに加え、ウォーキングやトレッキングに同行し、支援するサービスも考えられる。

着用したまま転倒した際に安全かどうか、この点を配慮しなければならない。

攻略のポイント

- ☑ 転倒時の安全性の確保
- ☑ 保健医療やリハビリテーション医療との連携
- ☑ アウトドアの交流会
- ☑ 障碍のある親子が一緒に楽しむ運動会

保健医療やリハビリテーション医療との連携も必要だろう。

アシストスポーツそのものの楽しさを広めることも求められる。たとえばアウトドアの交流会や親子が一緒に楽しむ運動会、といった企画が考えられる。

ウォーキング、トレッキング、山登りなどの分野でのアシストスポーツ製品に最も近づいていると考えられるのは「林業用アシストスーツ」だ。二〇一六年から農林水産省の研究プロジェクトに採択されており、二〇二五年の実用化を目指している。

林業用アシストスーツは、住友林業、パナソニックグループのアシストスーツ製造販売会社ATOUN、国立研究開発法人の森林研究・整備機構、奈良先端科学技術大学院大学が共同で開発中である。

足の裏に装着した圧力センサーや人体の関節部の角度センサーなどから利用者の姿勢と斜面の様子を読み取り、動作のタイミングに合わせて四個のモーターを動かす。これによって傾斜面での山歩きを支援するというものだ。筋力にかかる負荷を十七パーセント軽減できることを試作機で確認した。バッテリーで駆動し、三時間使える。

上り坂と下り坂でアシストの仕方が違う。上り坂では足の振り上げと踏み込みの動きを助ける。下り坂では膝の動きにブレーキをかけることで、膝にかかる負担を軽減する。背負っている荷物の重さをアシストスーツ側に任せることができるので、肩や足への負担がさらに軽減されるという。

041

テレイグジスタンス

他のサービスと組み合わせる

遠隔という意味のテレと存在という意味のイグジスタンスを組み合わせた造語。遠隔地にあるロボットやそこに搭載された触覚機器を通じて、その場所にいるかのように感じ、行動することを指す。

例えば地球の裏側にある工場の機器を、工場の様子を把握しながら遠隔操作する。遠方の観光地やそこにある美術館をロボットに歩き回ってもらい、風景や展示物や音を自宅にいながら体感する。こうした遠隔旅行の実験をした旅行会社と通信会社がある。

ロボットやセンサー、ＶＲ（拡張現実）、５Ｇといったテクノロジーを組み合わせることで、テレイグジスタンスが実現可能になってきている。前述のハプティクスも重要な要素になる。ハプティクスを使えば遠隔地にあるモノを触っているかのように扱える。

様々な応用が考えられるがビジネスに仕立てるためには、利用者とニーズ、実現にかかるコストと費用負担、といった諸要素を勘案することになる。旅行好きだがその時間をなかなかとれない、あるいは年齢の関係で長期間の旅行は難しい、そうした富裕層が喜ぶサービスとは何かを考えてみる。単独で成立しそうにないなら、他のサービスに組み合わせる必要がある。

第三章　筆者名一覧

加古川群司
瀬川弘司
高下義弘
田中淳一郎
仲森智博
原田かおり
森側真一
谷島宣之

第四章

働き方を変える術

無形資産への投資

042

働き手、働く場、働き方の改革

視座を変えて新事業の源泉に

ある企業の取締役が「働き方改革と聞くと気分が悪くなる」とつぶやいていた。全社で大号令がかかっており取り組まないわけにはいかないが、形だけ残業規制を強いる格好になっている。現場から不満が聞こえてくるが、社長や人事部門の指示には逆らえず悶々としているという。

時短の目標や残業への規制を先に決め、それを達成し、守らせようとするため、結果として働き方の改革がどこかに行ってしまう。従来よりも成果物の価値が高まるように働き方を変え、結果として時短になるようにすべきだが、これは理想論にとどまっている。

だが、働き方改革は本来、人という無形資産への投資であり、イノベーションや新事業につながるものである。新たな働き方に変えるために、人や支援ツールに投資するため、トレーニングやツールの市場が拡大する。働き方改革に成功した企業がその経験を他社に提供し、それを新規事業にすることもできる。

働き方改革を進めるツールとはもっぱらITであり、情報支援であ

市場の概要

- 真の「働き方改革」は新事業
- 退職後も市場は続く
- IT利用は必須

る。例えば何かを調べたり、その結果を整理してまとめたり、打ち合わせをしたり、といったことに相当な時間が費やされている。ＩＴを使って簡略にこなせるようにできれば貴重な時間を浮かすことができる。

働き手そのものへの投資としては社員だけではなく、社外にいるフリーランスのプロフェッショナルを視野に入れる必要がある。社内外のプロが入り混じるプロジェクトワークが増え、プロジェクトに合うスキルの人を見つけるためにＩＴを利用するようになる。

人への投資は長期にわたるものになる。社員が独立した場合でも、自社の仕事を引き続きしてくれるのであれば、場合によってはその人に投資を続ける。もちろん、社員自身が中長期のキャリア計画を自ら立て、必要な投資を所属先に依頼したり、内容によっては自ら投資したりすることが欠かせない。

このように視座を社外へ、長期へと広げることで、働き方を根本的に改革していけるようになる。

攻略のポイント

- ☑ 時短よりも価値の向上
- ☑ 人に投資する意識

情報コンシェルジュ
リーダーに必要な情報を提供する

市場の規模

約25兆円

企業がビジネスパーソンの「調べもの」に支払う賃金（年間）

出所：オウケイウェイヴ総研調査より加工

市場の概要

- 重要な意思決定に必要な情報を即座に届ける
- 情報を集め、分析する専門家
- 専門家をITで支援

「月曜の朝が怖い」と語るビジネスリーダーがいる。週末あるいは月曜の朝、自社の事業に影響を与えそうな出来事が起きてしまうと、月曜の朝一番、「この件、うちではどうなっている」と社長が聞いてくるからだ。

インターネットを使えば膨大な情報を検索できるが逆に情報があり過ぎて、自社と他社の関連情報をそろえ、社長の問いに答えられる資料をまとめようとすると案外時間がかかってしまう。

ビジネスパーソンが調べものに費やしている時間を人件費に換算する

と膨大な額になる。言い換えるとこの問題を解決する術があれば、ビジネスリーダーは対価を払うだろう。

一つの解が「情報コンシェルジュ」である。重要な出来事があったときビジネスリーダーが意思決定を下すために必要な情報を即座に届けてくれる人およびそのサービスを指す。これまでも部下や社外の人に類似の仕事を頼んでいただろうが、情報量が桁外れに増え、自分の産業と他の産業がクロスする時代になってくると、コンシェルジュ役を支援する新ビジネス、コンシェルジュ機能そのものを提供する新ビジネスが登場する。

情報コンシェルジュに求められる条件は大きく二つある。まず「速く、もれなく」。ＩＴのリコメンデーションエンジン、自動翻訳機能を使えばかなりの対処ができる。二つ目は「正しく、手短に」。集めた情報の価値判断をして、分かりやすい解説と要約を付ける必要がある。

後者は人間でないとできない。例えば産業界の各専門分野ごとに、リタイアしたベテランの知見を借りるクラウドソーシングのような仕組みを用意する。

中長期的には情報伝達の手段が変わってきそうだ。社長に素早く伝えるために、結論だけをビジュアルに表示する、場合によっては脳に直接送り込む、といったことが可能になるかもしれない。さらに言えば社長の考えや夢まで推測し、その先を見通した価値ある情報を伝える必要がある。

攻略のポイント

- ☑ ICT・AI（パーソナライズ）
- ☑ 情報伝達の新手段
- ☑ 人（エキスパート・考える・感情）

AIアシスタント

一人ひとりに最適化

市場の規模

2030年国内年間4000億円

日経BP総研推定

市場の概要

- 仮想アシスタントが日常業務を支援
- 訪問先の推薦など高度な機能も

「AIアシスタント」は働く人一人ひとりに就く、専用のソフトウエアロボットを指す。スケジュールの通知、メールやチャットの通知、ニュースのプッシュ配信といった基本機能を備えるほか、さらに大きく二つの機能を備え、働き手が成果を出せるようにする。

第一に働き手の指示に従ってコンピューターを使う処理を代行する。AIアシスタントは比較的定型的な作業、例えば情報の検索・照会、業務レポートの入力・作成、会議スケジュールの調整、出張旅行の予約といった仕事を代行する。

すでに社内のヘルプデスク業務を代行するＡＩチャットボット、現場作業員の事務データ入力をサポートする音声入力システム、顧客との間で営業アポイントメントの調整を代行するＡＩアシスタントサービス、といった事例が登場している。

第二に働き手へアドバイスする。働き手の様々なデータを取得・分析し、より効率的・かつ生産的に働くために役立ちそうな情報を提供する。こちらはまだ実験段階で、本格的な実用化はこれからだ。

働き手の仕事が営業担当者であれば、見込み顧客の一覧情報から直近にアプローチすべき顧客を選びだし、アポイントメントを取ることを提案する。営農者であれば、作付計画に基づきその日にすべき作業内容を提示する。意思決定層には、管理しているプロジェクトやチームの状態に関する情報を示しつつ、誰にどのようなコミュニケーションを取ればプロジェクトやチームの状態が改善されるかをアドバイスする。

個々の業務あるいは個々の働き手の希望に沿う動作をさせるには、データの収集・蓄積、それらのデータを使ったＡＩアシスタントの学習が欠かせない。ＡＩの学習訓練の手間をどう抑えるかがポイントとなる。

また、ＡＩアシスタントを適用する業務領域や人間が介入すべきタイミングを見極める必要がある。優先度が高い顧客への対応やクレームへの初動など、礼儀や心遣いといった細やかな配慮が必要な仕事をこなすことは、この先十年経ってもＡＩでは無理だろう。

攻略のポイント

- ☑ 適用領域を見極める
- ☑ AI学習の手間を省く

045

自動通訳機能付き高精細ビデオ会議

コミュニケーションのさらなる改善

会議室の壁面ディスプレイやスクリーンを利用するテレビ会議システム。AIによる自動学習機能を用いた多言語リアルタイム自動翻訳システムを併用する。テレビ会議システムは徐々に普及しているが、依然として本社と工場間で出張を繰り返している企業も少なくない。

グローバルビジネス経営での迅速な意思決定やガバナンス確保、グローバル市場でのマーケティングや商品戦略の強化、多国籍メンバーによるオープンイノベーション（国際機関・政府の利用を含む）の促進に役立つ。

移動型コミュニケーション端末をイベント会場などに持ち込めば、遠隔地からイベントや展示会に参加することもできる。

自動翻訳機能がない製品・サービスでも応用の範囲は広い。国内の本社と研究所の間などの頻繁なミーティング、交通障害、広域災害、パンデミックの際のコミュニケーション確保・意思決定、テレワーク（遠隔勤務）での会議参加、学校でのコミュニケーション教育、介護施設での高齢者セラピーなど。

046

協働ロボ

一緒に働いてくれるロボット

ＩＤＣ Ｊａｐａｎによれば二〇二二年の国内ロボティクス市場は二兆八千三百九十五億円と見込まれている（産業用ロボットと産業用以外のサービスロボットの合計）。ロボットの利用については工場、倉庫、飲食店、工事現場、受付など使用場面の拡大が期待できる。清掃や介護、接客の現場など、これまで人間が中心でロボットの適用が難しかった分野にも広がる。

そのためには、人に近い動きができ多様な環境に対応できるロボットを開発する必要がある。利用者とロボットメーカーを仲介するシステムインテグレーターが登場し、複数台のロボットを連携協調させるサービスを提供するようになる。インテグレーターがロボットの費用対効果を明確に説明できれば、導入がさらに進むだろう。

047

パラレルキャリア支援エージェント

多様な働き方を支援

市場の規模

4兆円

出所：日経BP総研調べ

市場の概要

- プロフェッショナル人材の需要が増大
- 新たなエージェントサービスが誕生
- 多様な働き方を受容できる企業が成長

職業人生の長期化、生産年齢人口の減少、育児や介護との両立など、働く人のニーズが多様化する現代。働き方や労働環境にも大きな変化が起こる。

まず「採用方法の変化」がある。現在、大卒者の多くが経験する「新卒一括採用」だが、経団連はこれを廃止し、新卒学生の通年採用を拡大する方針を示した。さらに大卒・非大卒といった学歴による分断も見直されつつあることから、今後は非大卒・大卒・第二新卒・若手転職などを複合した「四十歳以下若手採用」といったような、間口の広い採用手法を取る企業が増えてくると予想される。

次に「雇用形態の変化」が挙げられる。プロジェクト単位でチームを形成し仕事を進めていく「タスク型のジョブマーケット」が形成され、より柔軟で多様な働き方が実現していくだろう。特に、専門的なスキルや自分ならではの知見・ノウハウを保有するプロフェッショナルな人材が増加し、異業種が連携するようなプロジェクトにスキルやノウハウを提供することに限って参画する機会が増えていく。そして働く人との多様な結びつきを受容できる企業が「人で勝つ」企業として大きく成長していくと予想される。

このような採用方法や雇用形態の変化に伴い、働く人にとって企業との契約やキャリアプランはますますパラレル化（複線化）する。このため複雑になる労働契約の締結・条件交渉ができる専門家や代理人といった新たなエージェントサービスの需要が拡大するはずだ。エージェントが選手に代わり球団と契約交渉をするメジャーリーグのように、企業と個人とを繋ぐ特化型のエージェントが働き手に学び直し先を紹介したり、副業先や限定的に参画できるプロジェクトを提案したりしていく。

特化型エージェントとして活躍するプレイヤーの候補は大きく二つ考えられる。一つは従来の転職支援・人材紹介を行う企業。働き手の企業に対する評価をデータとして保有する企業が有利になる。もう一つは弁護士・社労士・キャリアコンサルタントなどの専門家だろう。

攻略のポイント

- ☑ 煩雑な雇用契約や条件交渉
- ☑ 上記をこなせる専門家の育成

048

フリーランスサポート

スキル向上からキャリア形成、コミュニティまで

市場の規模

2030年国内年間

1500億円

日経BP総研推定

市場の概要

- フリーランスを支える各種サービス
- マッチング支援、バックオフィスなど
- 企業もフリーランス活用に動き出す

特定の会社組織に所属せず、労働力を個人の意志によって提供する個人事業主が増えている。このような「フリーランス」の増加に伴い、この人材の職業生活をサポートする「フリーランス支援サービス」の市場が伸びる。

この市場は複数のサービスで構成され、大きく三つに分けられる。まず、仕事とフリーランス人材のマッチングがある。企業や組織で発生した仕事案件に対し、仕事を求めるフリーランス人材を紹介する。既に大手のクラウドソーシング事業者などが提供している。

次にフリーランス人材に対して経営管理、経理、法務、総務機能をサポートするバックオフィスサービスがある。税理士や弁護士、事務作業を請け負うアウトソーシング事業者が組み、個人では手薄になりがちな業務を肩代わりする。

三番目はフリーランス向けに設計された保険や福利厚生サービスである。教育研修プログラムやコワーキングスペースの貸し出し、健康診断サービスなども含まれる。

これ以外に今後はフリーランス人材の情報交換や権利確保に向けたコミュニティ活動が活発化するだろう。

内閣府は二〇一九年七月、フリーランスとして働く人の数を三百六万人から三百四十一万人程度とする推計を公表した。うち本業がフリーランスの労働者が二百二十八万人、副業が百十二万人。総計の三百六万~三百四十一万人は国内の就業者全体の約五パーセントに当たる。

企業側もフリーランス人材に注目しつつある。事業の短命化、イノベーションへの要請に対応するうえで、多様な人的リソースの協力を得る必要があるためだ。政府はフリーランス化を必然的な社会の流れと認め、フリーランス人材の権利を保護する政策立案に前向きな姿勢を示している。

より柔軟な働き方をしたいという個人、多様な人的リソースを確保したい企業、そして政府という各ステークホルダーの動きを踏まえると、この市場は今後十年をかけて手堅く伸びていくと考えられる。

攻略のポイント

- ☑ 柔軟な働き方をしたい個人
- ☑ 多様な人材を確保したい企業

LGBT採用支援

多様性を尊重、企業の損失防ぐ

市場の規模

成人男女の8.9%

（成人男女の約11人に1人）

出所：電通ダイバーシティ・ラボ

市場の概要

- LGBTは孤立しがちでストレス
- 生産性や忠誠心の低下など企業に損失
- 対応法がわからない中小企業が大半

多様性と調和を掲げる東京オリンピック・パラリンピックが様々な差別の解消のきっかけになると期待されている。LGBTもその一つだ。

LGBTとは同性愛者のレズビアンとゲイ、両性愛のバイセクシャル、そして自らの性別に違和感を持つトランスジェンダーの頭文字をとった総称で、日本では一般的に性的マイノリティーの人たちをいう。

欧米に比べて日本では社会的偏見や差別を恐れて、いわゆるカミングアウトをする人はまだ少ない。このため学校や企業で孤立したり、周囲の無理解からストレスを感じたりする人もいる。企業であれば仕事の生産性や忠誠心の低下につながりかねない。人手不足の時代でもあり、ＬＧＢＴを分け隔てなく活用していかなければ企業は生き残れない。

ダイバーシティー（多様性）の重要性が叫ばれ、最近では、同性カップルに結婚祝い金を出すように社内規定を改定したり、ＬＧＢＴ向けの就職説明会を開催したりする企業もある。しかし、こうした取り組みは一部の先進企業に限られ、中堅・中小企業にとってはそもそもどう対応していいのか分からないというのが本音だ。

ＬＧＢＴ人材を受け入れるにあたっては、多目的トイレの設置などハード面から、社内規定の改定や従業員研修などソフト面まで、実施すべきことが多い。働きやすい職場環境を整えたうえで、採用し、定着させ、活躍してもらうノウハウも必要になる。

攻略のポイント

- ☑ 働きやすい職場づくり
- ☑ 理解する「アライ」を育成
- ☑ まず自社でLGBTを採用
- ☑ 当事者だからこその支援

これらを個別・包括的に支援するビジネスが拡大すると見込まれ、その市場は大きい。電通ダイバーシティ・ラボが二〇一八年に実施した調査によると、ＬＧＢＴの割合は成人男女の八・九％で、実に約十一人に一人に上る。

支援にあたってはまず支援先企業で「アライ（Ａｌｌｙ）」を増やすことが求められる。ＬＧＢＴではないが、ＬＧＢＴを理解し、支援する人々を指す。企業内でのアライの存在がＬＧＢＴ対応の鍵を握る。

隗より始めよ、ということわざ通り、支援ビジネスを手掛ける企業でＬＧＢＴ人材を採用し、生かすことも欠かせない。当事者だからこそできるサービスを提供できる。

050

インテリシニアのアカデミア

ビジネスリーダー退職後の「学び場」

「どの企業でも社長になれるのはたった一人。それ以外の人はトップに提言はできても会社の顔にはなれない」。ある中小企業の副社長がこう語る。

社長に選ばれなかった経営幹部たちも、第一線のビジネスリーダーであることに違いはない。経営に携わり、自身の専門分野では企業を代表してインタビューに応じることも多々ある。

しかし、企業を離れると対外的な発信の場は激減する。社長、会長を経験すれば、退任後も元経営者として経済紙のコラムなどに登場することがあるが、副社長以下ではこうした機会はほとんどない。

企業人は退職後にポジションと名刺を手放すことで、アイデンティティの喪失を感じると言われる。企業で経営幹部を務めたシニアが、退任後も発信したり、ロールモデルとして後進を育成したりする機会を持てれば、モチベーション高く余生を過ごせるはずだ。

シニアのためのアカデミアはこうした「元経営幹部」をターゲットとし、知的好奇心と承認欲求を満たす「場」をプロデュースする。

市場の概要

- 経営幹部の退任後の施策
- シニアの拠り所の必要性
- 研修ニーズとシーズのマッチング

アカデミアに入学すると「知る」「学ぶ」「教える」の三つの「場」を体験できる。
「知る場」では、政治、経済、企業、国際、マーケットなど各分野のニュースを購読できる。
「学ぶ場」では経営戦略、ファイナンス、人材マネジメント、マーケティング、イノベーション、テクノロジー、語学、ITリテラシーなど専門分野の講師によるカリキュラムを受講できる。オンラインゼミ、リアルな少人数ゼミなどのレクチャーを通じて最先端の実学を学び直せる。インタラクティブなワークショップにより、スピーキングやプレゼンテーションのスキルも身に付く。

アカデミアの最も大きな特徴は「教える場」の提供だ。「学ぶ場」での最終試験に合格したシニアは「アカデミア公認講師」の資格を付与される。アカデミアで得た知識と元経営幹部時代の経験を生かし、各企業やセミナーで研修や講演を行う機会を得ることができる。アカデミアではこうしたシニアと研修先企業のマッチングも行う。シニアが希望すれば本人の著作物の制作、発行のサービスも提供する。

アカデミアへの入学資格は企業での職位が「役員」以上とし、審査を伴うものとする。ただしここでいう役員は会社法の規定による必要はなく各企業でのタイトルを重視する。

攻略のポイント

- ☑ 退職後の「学び場」をプロデュース
- ☑ シニアのためのアカデミア
- ☑ 講師資格と「教える場」も提供

2020年グローバルのエドテック

市場の規模

2520億ドル
（27兆9800億円）

出所：英IBISキャピタル

市場の概要

- 日本でリカレント教育の手段
- AIやIoTなど専門スキルが対象

エドテックとはエデュケーションとテクノロジーを組み合わせた造語で、主にインターネットを使って教育やトレーニングをオンデマンドで提供するサービスを指す。

政府はリカレント教育（社会人の学び直し）に力を入れており、エドテックはその有力手段である。内容は再就職や職種転換のための職業訓練、AIやIoTのような今後市場で求められる専門技術の教育になる。

学習者の進捗や到達度の把握、教育コンテンツ配信にはITが使われ、学習者の理解度に合ったコンテンツが提供される。

第三章で述べた脳フィットネスも応用される。学習者の状態を考慮して適切な脳フィットネスの実施が提案される。

コンテンツには、動画だけでなくVR（仮想現実）やAR（拡張現実）など、より臨場感を高めるテクノロジーが使われる。例えば外国語の習得では遠隔地にいる講師がリアルに再現されるので真剣度が上がりやすい。

コンテンツ提示にホログラムも使われるようになっていく。空間に物体形状を見せるホログラムによって学習者を引きつけられる。ものづくり分野の教育で学習効率の向上も期待できる。

専属のAIコーチも付けられるようになる。学習が滞ればAIコーチが励まし、つまづいた個所があれば理解を促すためのコンテンツを提示してくれる。

一般的には年齢が上がるほど学習効率は下がるとされている。そこで高齢の学習者に対しては脳フィットネスに加え、各種のコンテンツ表示テクノロジーを複合的に使って、年齢による学習ハンディを感じさせないようにしていく。高齢者は自身の能力をアップデートし、働けるようになる。

攻略のポイント

- ☑ VRやARで臨場感を上げる
- ☑ 脳フィットネスの応用も

052

リカレント教育

コミュニティの学び場が必要に

リカレント（recurrent）とは再度発生する、繰り返し起こる、といった意味である。通常の学校教育、企業内教育とは別に、さらに学び直すことを言う。技術革新に伴う仕事の変化に備えるため、あるいは六十歳以降も働き続けるため、どこかの時期に再度教育やトレーニングを受け、新たなスキルを身に付ける必要があり、政府が重要施策として旗を振っている。

例えば『経済財政運営と改革の基本方針2019～「令和」新時代：「Society 5・0」への挑戦～』を見ると「リカレント教育」として次の三点が挙げられている。

・大学や専修学校等のリカレント教育の拡大
・人材の育成などにおける民間企業等の知見・ノウハウの最大限活用
・早期卒業・長期履修制度や単位累積加算制度の活用、学位取得の弾力化

三番目は仕事をしている社会人が学びやすくするための工夫を指している。何らかの実務経験の年数を修業年数に振り替えたり、働きな

市場の概要

● 学び直しが大きな市場に
● 教育側は新需要に期待

がら少しずつ単位を取っていったりできるようにする。

　リカレント教育の市場そのものではないが、かなり重なる市場として、ビジネスに関わるスキルを身に付けるためのスクール、社会人大学、英会話などの「自己啓発市場」がある。自己啓発市場は二〇一六年に約九千億円となったとされている（共同通信が三菱ＵＦＪリサーチ＆コンサルティングに依頼した調査結果）。

　教える側からするとリカレント教育は新たな顧客の登場になる。国立大学法人の統合や新しい公立大学が誕生するなど大学の再編が進んでおり、通常の学生に加え、社会人を受け入れようとする動きがある。米国のコミュニティカレッジのように地域住民が通いやすいコースを設ける大学が日本でも出てくる。

　だが、リカレント教育の成否を左右するのは教える側というよりも学ぶ側の姿勢である。「キャリア形成は個人の側から観ると動機、価値観、能力を自ら問いながら職業を通して自己実現を図っていくプロセス」と厚生労働省職業能力開発局が二〇〇二年に出した『「キャリア形成を支援する労働市場政策研究会」報告書』に書かれている。が、十七年たった今、学び直すと言った場合、目に見えるスキルや知識を思いうかべる人が多いのではなかろうか。

　上記の定義のキャリアを形成し、仕事と生活を充実させていきたい人のために、人生設計、地元における活動、新たな仕事とのマッチング、といったことまで支援できる「コミュニティにある学び場」が求められる。

攻略のポイント

- ☑ **生きがいや価値観への配慮**
- ☑ **マッチングサービス**

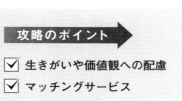

053

フレキシブル・ワークプレイス

プロジェクトやリモートワークの場を提供

市場の規模

フレキシブルな
働き方による経済効果
2030年までにグローバルで

10兆400億ドル

出所：リージャス・グループ

市場の概要

- 働き手が「働く場所」を自由に選択
- サテライトオフィス、コワーキングスペース
- Workplace as a Serviceとして拡大
- 移動型オフィス、リゾート型オフィス

働き手が「働く場所」を自由に選択する時代になる。働き手は自らの能力を発揮し生産性を高められる、あるいはプロジェクトを成功させるのにふさわしいオフィスや場所を選ぶ。

従来のように自社オフィスを選ぶ場合もあるが、サテライトオフィスやコワーキングスペースを選ぶ場合もある。働き手は仮想空間も活用する。自宅やオフィスで仕事をしつつ、打ち合わせは仮想空間内に設けられた会議室で済ませる。

在宅勤務の普及、フリーランス人口の増加、ワークライフバランスの盛り上がりを背景にして、より柔軟

な働き方を求める働き手が増えるため、自宅や自社オフィス以外の空間に執務スペースが備え付けられる。例えばカフェ、交通関連の施設、病院など。風光明媚なリゾートにもオフィスが設置される。自動運転技術の進化に応じて、自動車もオフィスになる。

レンタルオフィスやコワーキングスペースも進化する。組織形態が変わりやすいスタートアップ企業だけでなく大企業や中小企業も活用するようになる。

企業や働き手の様々なニーズを取り込みながら、いわば「ワークプレイス・アズ・ア・サービス」、つまり働く場とそれを支える周辺サービスをオンデマンドで提供するサービスの市場が立ち上がる。

レンタルオフィスやコワーキングスペース側が、オフィススペースの拡張・縮小、各種設備の維持管理、休息スペースにおける冷蔵庫やドリンクの補充といった管理業務を引き受ける。ネットワークアクセスなどの基本的なＩＴサービスの用意、これら各種要素の維持管理、場合によっては人材や福利厚生サービスの提供も担う。これを受けて都心部の老朽化した中小ビルの再生も進む。

次第にレンタルオフィスやコワーキングスペース側が企業向けに人材を仲介するようにもなる。一部のコワーキングスペースでは自然発生的に人材同士のマッチングが起きている。起業家がエンジニアや経理などのスタッフを同じコワーキングスペース内で働く人物やその知り合いなどから募集し、新会社を始める、といったものだ。

攻略のポイント

- ☑ 働き手の新たなニーズを開拓
- ☑ 空室が増える中小オフィスを活用
- ☑ IT、維持管理、人材や福利厚生

054

新しい働き方を実現する住宅

進む自宅のオフィス化

市場の規模

2030年リフォーム市場

6.5兆円

出所：野村総合研究所

市場の概要

- 働くための機能が備わった住空間
- 住宅向けの新しいセキュリティ
- 在宅勤務者とのコミュニケーション
- 来訪者、家族数、ライフスタイルで可変に
- 住宅構築のアドバイザリー業務

働き手やプロジェクトが「働く場」を選ぶようになると「自宅のオフィス化」が進む。自宅の一室あるいは空間の一部が仕事場になる。子供を学校に送り出してからキッチンや居間の一部を仕事場にできるよう工夫する。ただし、打ち合わせは宅外か会社のオフィス、あるいはネットワーク経由で実施する。

インテリアの設計や住宅の設計が変わってくる。書斎が手本としてあらためて注目を集めるようになり、大規模な住宅であれば個室、小規模な住宅であれば半個室のようなスペース作りに話題が集まる。

働き手のパフォーマンスを上げるためのグッズが続々登場し、自宅を快適なオフィスに変えることに関する草の根のノウハウがインターネット上で流通する。心理学や脳科学の知見に基づいたパフォーマンスが上がる環境づくりが話題になり、それに基づいた商品やサービスが増える。

ロボットスーツをはじめとした肉体機能の補助、脳フィットネスで脳の回復を促す、スマートコンタクトレンズなど視聴覚補助などが進み、高齢者も労働に加われる。高齢者向けの介護ホームでもテレワーク（遠隔勤務）が可能な環境が用意されるようになる。

住空間がオフィスとしての機能を備えることを踏まえ、住宅向けの情報セキュリティソリューションに改めて注目が集まるようになる。セキュリティ対策のソフトウエア、ＩｏＴを駆使した防犯センサー、初動を助ける住宅用警備ロボットなど複数のツールを組み合わせて、個宅の事情に合ったサービスや機器を提案する。

在宅勤務する働き手が増えると逆に気軽な声がけや相談、情報交換、ブレーンストーミングなど通常のオフィス空間であればすぐ実行できるコミュニケーションの価値が見直される。改めて脚光を浴びるのがバーチャルコラボレーションである。仮想空間上にチームメンバーが働くオフィスを設け、そのオフィスの様子を大型ディスプレイまたは自宅の壁に映し出す。そこにはカメラで捉えた自分の姿や一緒に働いているメンバーの姿が表示され、マイクとスピーカーを通して対話できる。

攻略のポイント

- ☑ バーチャルなコラボレーション技術の確立
- ☑ IoTを駆使した防犯技術、住宅用警備ロボット
- ☑ 住空間コーディネートのスキル

055

周年事業コンシェルジュ

未来型周年事業の推進パートナー

市場の規模

7兆円

帝国データバンク調べの2019年周年記念企業数を基に
日経BP総研推定

市場の概要

- 企業の節目の重要な事業
- 担当者の負担解消が必要
- 周年事業のトレンドに変化
- 歴史の振り返りから未来創造へ

周年は企業や団体などにとって節目の年である。創業や創立、または合併やホールディングス化の後などに、十年単位で周年を祝う場合が多い。

こうした周年を記念して行う事業の二つの着目点は、担当者の抱える課題と昨今のトレンドの変化である。

従来、主な周年事業といえば社史・周年史の制作や、取引先などを招いた記念式典が挙げられた。周年事業は「社史編さん室」などの一部の担当者が粛々と進めるのが常で、担当者の悩みと課題は膨大な資料の整理、前任者不在による引継ぎの欠如、他の社員の無関心などだった。

ところが昨今、周年事業の内容が多様化してきたことにより、担当者が抱える課題と負担が従来以上に増大している。こうした中、周年企業にとって必須になるのが「周年事業コンシェルジュ」である。周年を機に企業の経営課題を掘り起こし、その解決策として最適な周年事業を提案し推進していくパートナーである。

周年を機に企業がブランディングや人材戦略を推進したいなら、ビジョンやクレド、スローガンの策定、ブランドブックの発行などを提案できる。働き方改革やダイバーシティ推進を周年事業の目的として、休業や副業に関する制度の見直しを推進することもできるだろう。社員のエンゲージメント向上やイノベーション推進のための研修やイベントの提案も考えられる。

周年事業を進めるにあたり経営者がコミットし、社員を巻き込むことでより全社的な事業へ昇華させていける。経営者の支援も周年事業コンシェルジュの役割である。企業のサステナビリティを見すえた提案や支援を行うこともある。

二〇一九年に節目の年を迎えた「周年記念企業」は全国で十四万千五百五十社（帝国データバンク、二〇一八年調査）もあり、市場は大きい。商品など単独ブランドの周年も含めれば、さらなる拡大を期待できる。

攻略のポイント

- ☑ 周年事業コンシェルジュの必要性
- ☑ 成長戦略として周年事業を提案
- ☑ 企業のパートナーとして伴走

第四章　筆者名一覧

市川史樹
井出一仁
大塚葉
高下義弘
田中和之
徳永太郎
中須譲二
森山美帆
谷島宣之

第五章

シェアリング・サービス

オープン時代の到来

056

サブスクリプション

共有の時代に古典的手法が脚光

サブスクリプションは一定料金（月決めが多い）を払い、何らかの製品またはサービスを利用するもの。雑誌の定期購読や会員制通信販売などで古くからあった形態だが、製品やサービスをシェアする時代に入り、インターネットやITの発展によりこれまでシェアしにくかったものまでシェアできるようになったこともあって、新事業や新サービスをサブスクリプションの形態で始める例が増えている。

利用者からすると一定料金は支払うものの、その中で通常より広い選択肢を手に入れられる。例えば衣服など嗜好性の高い商品をサブスクリプションで提供するビジネスがある。あらかじめ好みを登録しておくと、それに合うと思われる衣服をサービス提供者が選び、利用者に送付する。利用者は気に入った商品を着ることができる。

ビジネスモデルは色々あり、一定料金の範囲で衣服を交換できる形もあれば、特に気にいった衣服について所定の料金を支払って購入する形もある。後者の場合、選定と試着に価値を感じて対価を払う。

利用すればするほど履歴がデータとしてサービス提供者側に残り、

市場の概要

- 一定料金の範囲で様々な便益を提供
- ネットとAIの時代に再評価
- 利益を確保しやすい

それをＡＩなどで分析することで、利用者の嗜好に合った商品やサービスを的確に提案できるようになる。

サービス提供者にとってサブスクリプションのモデルを採用することでビジネスを安定させやすくなる。一定料金が必ず入るため、広告や利用データの分析販売といった別の収入源に頼らず、サブスクリプションの契約者だけを向いて商品やサービスを提供できる。

一定料金を支払ってもらうには相応の価値を提供しなければならない。最終的には不特定多数の顧客を相手にしていくにしても当初は想定顧客をある程度絞り、価値を明確にして事業を始める必要がある。この点は従来のビジネスと変わらない。

第五章ではサブスクリプション・サービス、シェアリング・サービスをいくつか紹介する。

攻略のポイント

- ☑ セグメンテーションの基本は不変
- ☑ ITによるパーソナライゼーション

057

Services on MaaS

移動時間×サービスが稼ぎの場に

市場の規模

国内潜在市場規模

8兆円

日経BP総研推定

市場の概要

- 自動運転で車両が動く部屋に
- 移動時間が無駄時間でなくなる
- 1部屋サイズで多様なサービス
- VR、ARとの組み合わせ
- 駅近の価値が低下

二〇二〇年代半ばには、運転手が不要な「レベル5」の自動運転車両が実現する。

このとき、車両の形も変わる。運転席が無くなり、車両内を目一杯乗客のためのスペースに使えるため、動く部屋になる。窓がない車両も生まれ、窓の代わりにディスプレーが壁一面に付けられ、VR（仮想現実）やAR（拡張現実）を取り入れたサービスが提供される。

こうした変化によって始まるのが「Services on MaaS（SoMaaS）」である。乗客を移動させつつ、同時に二畳程度の部屋の中で乗客に対して付加価値のある別サービスも提供する。

一例として英会話教室が考えられる。講師が車両に乗って、予約した時間に自宅の前にやってくる。会社に着くまでの四十五分間、マンツーマンでみっちり英語を教わる。車両のディスプレーや音響システムを活用し、遠方にいる講師から習うやり方もできる。

さらにカラオケ、居酒屋、ヨガ教室、マッサージ、簡易的なパーソナルジム、理容室、美容室、診療所などもSoMaaSで実現できるようになる。カプセルホテルも同様に車両に載る。ベッドが移動するため、朝一番で大阪出張がある東京勤務者が前夜、このカプセルホテルに宿泊しながら移動することも可能である。

こうした変化の結果として都市部の人の流れは変わっていく。駅前で見かける、ほとんどのサービスがSoMaaSの車両で実現できるからだ。サービスを受けるために駅に移動する必要がなくなり、〝駅近が便利〟とは言わなくなっていく可能性が高い。

この時代を支えるのは誰か。一つはSoMaaSの車両を大量に管理し、サービス事業者に貸し出す車両プラットフォーマーである。不動産業者のモビリティ版と言える。

もう一つが利用者とサービスをマッチングさせる事業者である。利用者とサービス提供者の両方のアカウントを大量に持つことで、需要の発生場所と時間を予測でき、効率的な配車とサービス提供ができる。

攻略のポイント

- ☑ 車両の収集と管理
- ☑ メンテナンス網の構築
- ☑ 需要予測・配車システム

058

自動運転モビリティ保険

自動運転の移動体の事故を保障する

市場の規模

2030年の
自動運転車関連サービス
保険や修理などを含む

22兆円

出所：米フロスト＆サリバン社

市場の概要

- 対人、対物で新しい保障の仕組みが必要
- 自動運転移動体を使う事業体に大きな需要
- メーカーがあらかじめ製品に付けるケースも
- 所有者が責任を過重に持たない仕組み

自動運転車、自動運転船、配達用ドローンなどが実用になる時代に、移動体で事故が起きたら誰が責任を持つのだろうか。

この課題に対処するために対人、対物ともに、自動運転モビリティ保険と呼ぶべき新しい保障の仕組みが必要になる。自動運転移動体を使う事業体から大きな需要が生まれる。

自動運転車を例にとると、二〇二五年くらいから登場する「レベル４」の自動運転車（ハンドルやブレーキ、アクセルのない自動車）を所有するために、新しいオーナーシップ制度が登場する。

これはオーナーシップを取得するための市場とオーナーシップを行使するために義務づけられる保険商品市場で構成される。企業ないし個人が従来のようにオーナーになる場合もあるし、シェアリング・サービス（配車サービス）を手掛ける事業者がオーナーになる場合もある。保険については自動車メーカーがあらかじめ自動運転車に付けるケースも考えられる。

日本損害保険協会は二〇一六年六月に発行したレポート「自動運転の法的課題について」の中で、レベル４の自動運転ではドライバーが運転に全く関与しないため、「ドライバー」という概念がなくなり、従来の自動車やそれに関する保険とは別のものとして考える必要があると報告している。

自動運転研究者の間では、自動運転車の挙動を特定の誰かが監視している状態であれば、その監視者に監督責任を負わせることが可能という見方がある。しかし、すべての自動運転車に監視者を置くことは、自動運転の導入による人的作業の軽減という最大の目的に反することになるため、現実的ではない。監視者のいない状態で自由に移動する自動運転車に対する責任を誰が持つかが課題になっている。

いずれにしても所有者が責任を過重に持たない仕組みが求められるが、そのためには起こり得る事故と損害度合いを推計する必要がある。事故率はテクノロジーの進展度合いにもかかわってくるので、近未来のテクノロジーを継続的にウォッチすることが欠かせない。

攻略のポイント

- 起こり得る事故と損害の推計技術
- 保険料率の設定と事故率の把握
- 近未来技術の継続的なウォッチ

059

アグリテック
土地さえ準備すれば農業ができる

市場の規模

農業

9.3兆円

出所：農林水産省、2017年農業総産出額及び生産農業所得（全国）

市場の概要

- 帝国重工トレーラ隊（下町ロケット）
- WAGRI/農業データ連携基盤
- GNSS衛星システム/みちびき
- 農機具/圃場の自動運転
- ゲノム編集/オミックスデータ

アグリテックはアグリカルチャ（農業）とテクノロジーを組み合わせた造語であり、国の主導もあり様々なテクノロジーや制度などの設計そして実用化と集積化が進んでいる。これらを利用し、AaaS（アグリカルチャ・アズ・ア・サービス）を始めれば「土地さえあれば後はパソコンだけで農業を始められる」という時代がやって来る。

小説やテレビドラマで人気を集めた『下町ロケット』に、複数の自動コンバインをトレーラに載せて田圃に向かい、嵐に襲われる前に夜を徹して稲を刈り取るシーンが出て来た。これがアグリテックのイメージで、ＡａａＳを使えばこうした機器を保有しなくてもサービスとして利用できる。さらに農地そのものをシェアリングするサービスも出てくるかもしれない。例えば都市部の住人が一定料金を払って農地とＡａａＳをシェアし、週末農業に参加するといったことが可能になる。

テクノロジーは着実に進化している。「みちびき」衛星の登場により、農機を数センチ単位で自動制御できる。すでに有人監視で自動運転するトラクターは市場に出ている。「二〇二〇年までに完全無人化を」と政府から檄が飛んでいる。気象データを基に水田のバルブを自動開閉することもできる。

田圃の地図情報などをデータベースにするプロジェクト「ＷＡＧＲＩ」が急ピッチで進んでおり実証実験が始まっている。遺伝子レベルのオミックスデータ（生体分子についてのデータ）を使い、品種ごと、生育状態ごとに、最適の水位を予測するテクノロジーもある。

ＡａａＳを促進するために「スマート農業従事者養成検定制度」というような、アグリテック時代の知識を確認する、オペレータと利用者向けの資格検定制度が設立されるだろう。

ＡａａＳの海外展開も可能である。世界の人口は日本のおよそ六十倍、市場が巨大であることは確かだ。実現に向けた課題としては、データの集約が進むようにデータ提供側のメリットをはっきり見せる必要がある。

攻略のポイント

- ☑ データ提供側のメリット
- ☑ 農地交換と集積化／関連法改正
- ☑ 生産者が利益確保できる仕組み

060

ボディーシェアサービス

人が持つ機能を相互に補完

市場の規模

2030年

6000億円

日経BP総研推定

市場の概要

- 障碍者や高齢者を巻き込む
- 障碍者や高齢者が互いに支援
- 有償ビジネスとして展開
- ITやロボットを動員

障碍者や高齢者のサポートを健常者が行う従来の福祉サービスとは異なり、障碍者や高齢者のサポートを障碍者や高齢者が実施する。障碍者や高齢者を巻き込んだシェアリングエコノミーの一形態と言える。

目指す姿の一例を挙げると、四肢が不自由で車椅子を利用している人の代わりに、小型カメラとレシーバー機能を備えたデバイスを持った目の見えない人が街に買い物に行く、といったことが想定できる。車椅子の障碍者は小型カメラ経由で店頭の様子を伝えてもらい、買ってほしい商品についてPCなどから店頭にいる視覚障碍者に依頼する。

サポートを担う障碍者や高齢者には無償のボランティアではなく、フィーをもらい、仕事として関わってもらう。障碍者や高齢者は仕事をすることでタックスペイヤーに移行でき、福祉費用を抑えることにもつながる。

さらに障碍者や高齢者がロボットやITなどを使って失われた身体機能を補完し、例えばレストランでのウェイターの業務など健常者向けのサービスを担うことも、今後の人材不足時代を考えると期待できる。

ただしこうしたサービスを実現するために用意すべきことは多い。まず、失われた機能を補完するためのギアやITツールの開発にさらに力を入れないといけない。

サービスを支える仕組みも必要だ。まずサポートを受けたい人とサポートをしたい人をマッチングするネットワークの構築。これはSNS（ソーシャルネットワーキングサービス）を利用すればよい。サービスの評価やフィーの精算をするシステムもいる。障碍者の雇用促進法との連携により法定雇用率へ算入できるようにすることも欠かせない。

攻略のポイント

- ☑ マッチングネットワーク
- ☑ サービス評価やフィー精算の仕組み
- ☑ 機能補完のためのITとギアの開発
- ☑ 法定雇用率への算入

061

エリア情報マネジメント

都市の複数設備の情報を共有

2022年の
スマートビルディング市場
グローバル

市場の規模

317億4000万ドル

出所：MarketsandMarkets

市場の概要

- ビッグデータを活用した都市の管理
- ビルの設備稼働状況、商業施設の消費者動向を解析
- 新たなサービスへのニーズを発掘
- オフィスの供給や調整を円滑に
- 各地域に特化したサービス展開も

弊害が指摘されつつも都市への集中は世界的傾向であり、都市のGRP（域内総生産）は例えば東京の場合、二〇三〇年には一人当たり名目GRPが五万九千八百三十ドルに達すると予測されている（出所：「アジア経済中期予測第4回2018-2030年」）。

いわゆる地方創生も必要だが一方で集中度合いを高める都市を効果的、効率的に管理することも欠かせない。その一助としてエリア情報マネジメントと呼ぶべき情報サービスが期待される。都市にあるビルの設備稼働データ、商業施設における消費者のデータ、オフィス街の働き手

のデータを集めて分析し、エリア内のさまざまなサービス事業者に情報を提供するものである。

エリア内の情報は現状では分散している。不動産会社が保有するビルの設備稼働データ、商業施設における消費者の導線データ、通信会社が持つ人の動き（通信状況から類推）に関するデータといった具合である。

これらの中から、人や組織の活動状況を示す各種データを収集・分析し、結果をエリア内の各種事業者に提供すれば、そのエリアにおけるオフィス空間の供給や調整、人々の移動の流れが円滑に進むように促せる。都市におけるエネルギー利用や交通の最適化、都市部コミュニティの活動支援など応用範囲は広い。

課題は業種業態を超え、幅広く都市データを収集する体制づくりである。自治体が音頭をとり、第三セクターのエリア情報マネジメントサービス提供者をつくる、データの書式だけ決めてデータ公開をうながし、後は民間の競争にまかせる、といったように色々なやり方が考えられる。

エリア情報マネジメントのための専門職として情報アナリストも必要である。全国の都市情報を参考にしつつ、個々のアナリストは東京・名古屋・大阪・福岡など各地域に特化した知見を提供していく。

攻略のポイント

- ☑ コミュニティ、交通、エネルギーを最適化
- ☑ 業種を超えた広いデータ連携が必要
- ☑ 駅や空港、スタジアムも対象に

062

サプライチェーンマネジメントサービス

企業や業界の枠を超えて有機的につながったサプライチェーンを統合管理する

市場の規模

国内1兆円以上

日経BP総研推定

市場の概要

- 中堅・中小企業の連携支援
- 各種ITの仕組みを導入

ITの進化を背景に産業の基盤を支えるサプライチェーンが大きく進化しようとしている。これとともに莫大な新市場が生まれる可能性がある。

IoT（インターネット・オブ・シングス）やAI（人工知能）、5G（第5世代通信）などITを活用して産業全体を革新する動きは世界のトレンドである。ITで様々な問題を解決し、より効率的な産業の仕組みを構築したうえで、新たなビジネスや付加価値を創出していく。この流れの中でサプライチェーン全体の変革も迫られる。目標は、かかわる企業が

ＩＴシステムを介してより多くの情報をリアルタイムで共有しながら、市場の変化に応じて柔軟かつ速やかにプロセスを変えられる、高度な機能を備えたサプライチェーンの実現だ。

日本では経済産業省が、これから目指すべき産業のコンセプトとして、様々な「つながり」によって新たな付加価値を創出する産業社会「Ｃｏｎｎｅｃｔｅｄ　Ｉｎｄｕｓｔｒｉｅｓ」を二〇一七年に発表。これに合わせてサプライチェーンの進化を促す方針を打ち出している。

すでに大企業を中心に系列企業間で情報共有の仕組みを含めたサプライチェーン・システムを構築している事例は日本企業でも少なからずある。さらに今後は既存の系列を超えてあらゆる企業がつながる、広範囲のサプライチェーンの実現を目指すことになる。そうなると中小企業が否応なく巻き込まれる。サプライチェーンの最適化を目指すため、業務プロセスの一部を複数企業で共有したり、省略したりする。

日本の中小企業の数は約三百六十万社（二〇一八年六月、中小企業庁調べ）。仮に一社あたり数万円の投資で参加できるサービスが提供されるとしたら総額の投資は一兆円を超える。個別のＩＴ投資だけでなく、企業や系列を超えたサプライチェーン・ネットワークを管理するサービス、現場のＯＴ（オペレーショナルテクノロジー）とＩＴの連携を支援するサービスなど、新事業が生まれる可能性もある。

サプライチェーンは日本国内だけに閉じているわけではない。海外の企業も巻き込むことになり、次世代サプライチェーンを巡る市場は一段と大きくなる。

攻略のポイント

- ☑ ITとOTの融合
- ☑ 経営層の意識改革
- ☑ 低価格なサービス

063

会社 as a Service

新たな組織形態をサービスとして提供

会社の組織構造には古典的なピラミッド型のほか、よりフラットな形、複数プロジェクトまたは小さな組織が連携する形がある。大きな流れとしては二〇一八年に話題になったティール組織や以前から提唱されてきたアメーバ組織に代表される小回りの利く組織へ移行していくと言われている。

Company(中隊)からPlatoon(小隊)へ、あるいは案件をシェアする職業別あるいは職能別組合への回帰、とも言えるかもしれない。

このように組織構造を一気に変えることは難しく、段階的に移行する場合が多くなるだろう。その移行をインターネット経由で支援するサービスが登場してくる。

サービスメニューとしては、仮想的なプロジェクトルーム提供、議事録作成、進捗管理、成果の把握、組織員の人事管理、といった内容が考えられる。既にあるテクノロジーやサービスを組み合わせて実現することになる。

064

スキルショップas a Service

技を"面"で買うサービス

ある特定のスキル、技量から成果を得たい場合、一人ひとりを面接して仕事を頼むのではなく、こちらの要望に応じて組織化までしてもらえると便利である。スキルを点ではなく、いわば面として購入できるサービスが登場する。いわゆるオープンイノベーションの進んだ形と言える。

多くの企業が必要とする、ある程度汎用的なスキルを提供する場合もあれば、かなり専門のスキルを届ける場合もある。

どちらの場合にしても一定のスキルを面として担保し、提供するためには要員を一定基準に沿って評価する必要がある。指標として国際的な認証を取る資格試験が使われる。このため、従来以上に様々な領域でスキルの認証や資格取得が始まるだろう。

営利企業ではなく、専門スキルを持つ人たちが意見交換のために参加するＮＰＯ（非営利組織）が面のあっせんに乗り出す可能性もある。

065

意思決定支援 as a Service

「決める」ための情報整備基盤

企業経営は意思決定の連続であり、「決められない」では済まされない。「決められる」企業になるように、意思決定にかかわる情報を整備しておける基盤サービスが必要になる。

情報の一例はリスク情報である。統合報告書にはリスクを記載しなければならない。検討すべきリスク項目を選んで登録しておくと、そのリスクが顕在化しそうかどうかを判定するためのデータを集めてくれる。集めたデータをビジネスインテリジェンスツールに渡して分析する。

こうしたデータ収集とツール提供、場合によっては分析支援までをまとめてサービスとして提供する事業者が出てくる。ビジネスモデルの作り方にもよるが、サービス単価を下げるためにデータを匿名化し事業者が再利用することを認めるなら、事業者は各社のデータを分析することでリスク情報のデータベースを充実させていける。中長期的には既存のリスクマネジメントコンサルティングや戦略コンサルティングサービスの一部を代替できるだろう。

066

国際法務 as a Service

グローバル法務をAIで支援

企業がグローバル化していく際、厄介なのは各国の法律と関連する国際法を理解し、遵守することである。「知らなかった」では済まされない。このため通常ではグローバル展開しているコンサルティングファームあるいは監査法人の協力を企業は得ている。

各国の国内法と国際法をＡＩに学習させておき、何かの事象に際し関連する法律を探し出すサービスが登場してくるだろう。さらに人間の法務担当者の判断もＡＩに入れていくことができれば、ある程度の一次判断をＡＩでこなせるようになっていく。

グローバル法務が必要な企業は一部の大手に限られる。ただし中長期的には中小企業やスタートアップ、場合によっては個人が直接、世界の顧客とやり取りするようになるので、安価な国際法務サービスの需要がひろがっていくと予想される。

第五章　筆者名一覧

菅野武
高津尚悟
立野裕之
徳永太郎
中道理
三好敏
谷島宣之
山口健

第六章

社会問題、SDGs、ESG

有限資源を有効活用

067

コミュニティの充実

活性化させ、持続させる

コミュニティとは人々の集まりを指す。集まる理由は、同じ地域に住んでいる、同じことに興味がある、同じ専門分野のスキルを持つ、など様々である。高度成長時代に仕事場と生活の場の分離、都市への集中が起き、それまであったコミュニティが弱まった経緯があったが、ここへ来て、職住近接や地方活性化、職場を超えたプロフェッショナル同士の連携、といったコミュニティを見直す、あるいは新たにつくる動きが出てきている。

多様なコミュニティがあり、重視する価値はそれぞれ異なる。地方であれば住民の幸せが重視され、プロフェッショナルのコミュニティの場合はお互いの力を伸ばせる場であることが求められる。これに対し企業を一つのコミュニティと見た場合、成長と利益確保を優先することが多かった。

コミュニティの見直しと再活性化に伴い、新たなサービスの需要が出てくる。コミュニティで何か新しい活動をするのであれば、活動の担い手がチームとして動けるようにするサービス、別のコミュニティ

市場の概要

- コミュニティが再認識される
- コミュニティの多様化が進む
- 活性化と持続のための新ビジネス

とのコミュニケーションをとるサービスが役立つ。何らかの事業を始める場合、「事業アズ・ア・サービス」を使うこともできる。

新サービスはコミュニティの中にいるNPO（非営利団体）がサービサーと契約して提供する場合もあれば、NPO自らサービサーになる場合もある。企業が新ビジネスとして手掛けることもある。

地方の場合、自治体、NPO、スタートアップ、地元企業、大手企業といったプレーヤーがどう連携するかが鍵となる。従来の第三セクター方式はともすればリーダーシップ不在になることがあった。

社会や地方というコミュニティの場合、安全安心、持続可能性という課題がある。SDGsや企業にとってのESGといったテーマである。コミュニティを持続させるために、あえて既存の仕組みを廃止したり、変えたりするといった痛みを伴う取り組みをする場合もある。

企業にとっても社会や地方というコミュニティと持続的に共存していくためにこうしたテーマへの取り組みが欠かせないし、それ自体が新たな市場づくりにもつながる。

第六章では日経BP総研の研究員が着目した、安全を担保する仕組み、廃業や集客といったことも含めた地方創生と活性化の取り組み、環境問題への対処、エネルギー関連の新市場の可能性を説明する。

攻略のポイント

- ☑ SDGsとESG
- ☑ プレーヤー同士の協業

天災予報
動物や昆虫の感知能力を利用

市場の規模

過去20年の経済損失額
330兆円

出所：UNDRR（国連防災機関）

市場の概要

- 予報による対策で被害の軽減につなぐ
- 動物や昆虫が感知する特殊能力を利用
- 地震や噴火など予知困難だった領域にも
- 地域別、時間別の発生確率情報を提供

地震や津波、ハリケーン、噴火など、天災（自然災害）による被害が甚大になっており、その対策が急務になっている。「〇〇地方、〇時〇分に地震が発生」と予報され、事前に備えることができれば、被害も軽減できる。

自然災害の予知は一般に困難とされる。一方で同様に自然現象でもある気象については予測技術の進歩が著しい。衛星やレーダーなどを使って日々の雨雲の画像、気温、風を常時観測し、膨大なデータを蓄積できるからだ。このビッグデータを大型コンピューターで分析し、ＡＩと組み合わせることで予測精度をどんどん上げられる。これに対し、天災は発生箇所が点在し、その頻度も限られるため、地震の場合に地殻変動をセンサーなどで捉えたとしても取得できるデータ量はあまりに少ない。

有力なデータの一つの候補として、動物や昆虫が天災を感知する特殊能力の利用がある。動物や昆虫の中には、音、電磁波、匂いなどに対する感知能力が人間に比べて格段に優れているものが存在する。そこで動物や昆虫にセンサーを装着し、天災が発生する前後における行動変化をセンシングする。センサーの小型化と無線通信インフラの進展により、常時観測が可能になれば、まとまった量のデータを取得できる。データを統計的に分析し、有意な因果関係から予測モデルをつくり、世界中から集めたデータを学習させることで、天災発生予測の仕組みが整備できる。これに基づき、今後来る天災の発生確率情報を地域別・時間別に提供していく。

こうした天災の発生予測がはたして可能かどうか、そこがそもそもの課題だが、それ以外にも伝達方法には細心の注意を払わなければならない。地震や噴火などクリティカルな天災の発生確率情報は伝え方次第でパニックを起こしかねないからだ。現在の「天気予報」と同等の精度とまではいかなくても、外れることがあることも想定し、ある程度の確率で当たる情報を提供できれば、「天災予報」もサービスとして人々に受け入れられるだろう。

攻略のポイント

- ☑ 動物や昆虫の感知力をセンシング
- ☑ データを統計分析し因果関係を導く
- ☑ AIを活用した天災発生予測モデル

069

無人統治システム

課題を自動抽出、対策も自動で

市場の規模

2030年グローバル

100兆円

日経BP総研推定

市場の概要

- 住民の不安、不満などの把握
- 現場の状況から施策を提案
- 交通から防犯防災へ拡大

住民の行動、SNSなどからモニタされる不満や不安、インフラの稼働状況、事故や事件の発生状況などの情報から、対策すべき課題を抽出し、施策を提案する。さらに進み、AIの自動判断により無人で施策、統治するシステムも登場する。国や地域などに限らず、小規模に企業や組織、学校などでも導入されることになるだろう。

システムは行政・統治にかかわるいくつかの分野から導入されていく。例えば、道路交通などモビリティの分野。道路の混雑状況やSNSの書き込み、車両の挙動などから重度の渋滞、事故などのリスクを早期に察知、信号の調整や情報発信によって対処療法的にこれを軽減する。

さらには、こうしたリスクの発生頻度などから道路の改修などの施策を提言する。自動運転車が増加することで、全体最適になるよう各車両の速度やルート設定を制御するようになる可能性もある。この方法が導入されれば、災害時の避難誘導、緊急車両の車線確保なども容易になる。

続いて、防犯や防災、教育などの分野でもシステムの導入が進むが、さらに適応可能な領域は拡大していく。導入範囲も国や自治体などの行政機関のみならず、企業や団体などの組織全般へと広がっていく。併行して、国内外の施策事例などをデータベース化し、状況に応じたソリューションの提言機能を強化させていくことで、最終的には行政・統治に関わるほぼすべての領域について、こうしたシステムがリスクや住民の不平不満の把握に基づく最適な施策の提言を担うことになる。

通常時において統治システムは行政機関において補助的に使われるが、災害時、戦時などの緊急局面においてはほぼ無人で運用できる水準まで機能強化は進むだろう。

攻略のポイント

- ☑ **施策の効果測定とフィードバック**
- ☑ **施策をデータベースに、最適施策を抽出へ**
- ☑ **AIによる自動判断**

070

SDGs×地方創生

地域で農林水産物をつくって輸出

市場の規模

農林水産物・食品輸出額

5兆円（2030年）

出所：農林水産省

ＳＤＧｓは、持続可能な社会のために、二〇三〇年までに達成を目指す十七の目標であり、地方創生においても重要である。政府は全国でＳＤＧｓ未来都市を選び、いくつかのモデル事業を後押ししている。

地方には人材はもちろん、森、里、川、海など豊かな自然資本がある。自然資本を活用し、国際競争力のある農林水産物をつくることができれば、輸出につなげられる。

そうした取り組みのポイントの一つは、サステナブル認証である。持続可能性に配慮してつくられた農林水産物であると認証してもらえれば欧米に売り込みやすくなる。

第五章で紹介した「アグリ

攻略のポイント

- サステナブル認証
- スマート技術・IoT・AI
- ESG投融資

テック」のようにＩｏＴやＡＩ、ドローンを使ってピンポイントで農薬を配布するなど、環境に配慮した農業や漁業を効率よく実現する必要もある。地方の高齢化対策にもつながる。

ＳＤＧｓやＥＳＧをアピールし地方に投資を呼び込むことも求められる。ＳＤＧｓに寄与する事業に取り組む地域事業者への融資を優先する地域金融機関もある。

071

地域ポイント活用SDGs

域内消費を増やし、社会、環境、経済に連動

地域内だけで使えるポイントサービスを導入、地域の社会問題の解決や環境保全に貢献する活動にポイントサービスを付与する。ポイントは地域内で一種の通貨のように利用できる。域内の子供たちはもちろん、インバウンドを含む旅行客にも積極的にポイントを獲得してもらう。宿泊や飲食に使えるようにすることで、域内消費を増やし、社会、環境、経済の三つを連動できる。

072

会社看取り

後継者難の大廃業時代、経営者に寄り添い支援

市場の規模

廃業予備軍中小企業

約127万社

（日本企業の約3分の1）

出所：経済産業省

市場の概要

- 後継者不在で廃業が急増する
- M&Aできる会社は限られる
- 会社看取りニーズが顕在化

手塩にかけて育てた会社をどう看取るのか。中小企業の大廃業時代が到来、事業をたたむためのきめのこまかい支援ビジネスが活況を呈する。

廃業が増える背景には意識の変化がある。家業を継ぐという意識は薄れている。親のような苦労はしたくないと考える子供、逆に自分たちのような苦労はさせたくないという親の心理も働く。社員から抜擢という方法も難しい。金融機関からの借り入れに伴う個人保証に二の足を踏むケースは多い。M&A（企業の買収・合併）は中小企業にとって身近なことになってきたが、売却できる事業

はあるのか、買い手がいるのかどうか、不透明な点が多い。

こうして経営者たちは好むと好まざるとにかかわらず廃業の道を選ぶことになるが、再就職斡旋など従業員の処遇、退職金の手当て、取引先との調整、事務所や工場など不動産の処分、親族への財産の分配など、後始末にかかわる問題は沢山ある。しかも廃業に踏み切れないうちに健康状態が悪化したり、なにもしないうちに亡くなったりした場合、遺族に廃業関連の負担がのしかかる。

諸問題を解決していくには、税務や不動産、人材サービスなどの専門知識が必要になる。ワンストップで提供できる企業はまだほとんどいないが、経営者や親族からすれば、きめのこまかい支援をもれなく提供してくれるところを頼りたくなる。

企業の成長を支援するだけではなく、会社の看取りも立派なビジネスである。地域経済の混乱を避けることにもつながるから地域貢献という発想で取り組むこともできる。

新サービスの提供者は何らかの協業をすることになる。個別支援をしていた士業同士の連携、商工会議所を中心とする協業、長年の取引を通じて経緯者と会社をよく知っている地方金融機関との協業、が考えられる。

なにより大切なのは経営者に寄り添う姿勢だろう。専門家として助言はするとしても言い方次第では経営者が反発したり迷ったりしかねない。

攻略のポイント

- ☑ 税務、不動産など専門知識が不可欠
- ☑ きめの細かい支援をワンストップ提供
- ☑ 経営者を知る地方金融機関と協業も
- ☑ なにより経営者と親族に寄り添う

073

まちたたみコンサルティング

地域のコンパクトシティ移行の担い手

過疎化が進み、上下水道や道路などのインフラ負担が重荷になっている地方自治体にとって、コンパクトシティへの移行は喫緊の課題となる。そのためにあえて「非居住区域」を定め、そこにまとまった用地を確保し、企業誘致や酪農誘致などに取り組む動きが出てくる。残念ながら利用者が見つからない場合、最終的に自然に戻すことも必要になってくる。

「非居住区域」をつくるには、それまでその区域に住んでいた居住者から合意を得て、別の居住区域に引っ越してもらうことになる。合意形成に向けた細心の配慮と引っ越し後のケアが欠かせないと同時に、行政手続きなどもこなすため、専門の「まちたたみコンサルタント」が登場するだろう。派生業務として「実家や墓をたたむ」「空き家保険」なども出てくる。

非居住区域の候補の一つは土砂崩れ、洪水、津波、地震などの災害被害が想定される地域である。国や都道府県は過去の災害履歴などを分析して危険地域を指定しハザードマップを公表している。こうした地域であれば住民の合意も得やすい。

都市計画の専門家からは、街づくりに積極的に取り組む地域に周辺住民の移住を誘導し、コンパクトシティ化を図る手法も提案されている。行政が一方的に集約地域を定めるのではなく、沢山の人たちが前向きに考え、働きつつ、進めるほうが住民が感じる幸福の総量は増えていくだろう。

074

スモールコンセッション

事業者側の自由度が高まる

「スモールコンセッション」は人口二十万人未満の自治体などが手掛ける小規模のコンセッション事業を指す。自治体が持つ設備や施設を使って地域の民間企業に何らかの事業をしてもらう。従来の指定管理者制度と違って事業者側の自由度が高い。

コンセッションとは、特定の地域や施設において運営者が他の企業などに事業の権利を与えることを言い、例えば野球場の飲食店はコンセッションに当たる。

地方を活性化させる方法として、政府はコンセッションを推進しようとしており、地域企業を巻き込んだ同事業を二〇二二年度までに七兆円規模に成長させる目標を掲げている。

コンセッション事業そのものに加え、この事業を後押しする活動もまた事業になりうる。地方公共団体への導入促進を図るため各地の事例を紹介する、官民対話を促進する、といった活動が求められる。

075

中大規模木造建築

林業、建設業、不動産業が大きく変わり日本でも普及

市場の規模

2030年 2兆円

矢野経済研究所による2020年度非住宅木造市場規模の予測7953億円を基に日経BP総研推定

市場の概要

- 国産資源である木材を活用
- CLTなど新たな木質構造材料の普及
- 中大規模木造建築の技術革新
- 公共建築物等木材利用促進法の民間波及
- 建築基準法の改正で木造化促進

二〇三〇年に向けて、中大規模の木造建築が成長市場になる。これまで鉄筋コンクリート造や鉄骨造でつくられてきた建物を建て直す際、木造という選択肢が出てくる。

木造が注目されている理由はいくつかある。まず、国産資源である木材を活用できる。建築市場は大きく、ここで木材を使えれば日本の林業を成長産業にできる。

中大規模木造建築の技術革新が進んでいることも大きい。海外では高層の木造建築が建てられている。板の繊維の方向が直角に交わるように張り合わせて強度を高めたCLT

（直交集成板）という新たな木質構造材料も普及してきた。

木材は炭素を固定できるため、地球温暖化対策の一つになり、SDGsの取り組みという点からも後押しが期待できる。ESGを重視した投融資の対象にもなりえる。

肝心の住人や利用者にとっても木造建築は居心地がよく、エコロジーに貢献しているという満足度を与えると言われている。

政府は二〇一九年に森林経営管理法、森林環境税を創設したほか、公共建築物等木材利用促進法による民間波及、建築基準法の改正による木造化促進を期待している。森林環境税は二〇一四年度から個人住民税に上乗せして一人当たり千円を徴収し、森林環境譲与税として私有林人工林面積、林業就業者数、人口数の比率によって各自治体に配分される。山間部では森林整備の促進、都市部では木材の利活用・普及啓発が期待されている。ここで重要になるのは、人口比率の影響が大きい都市部の自治体だ。今後、都市部で建築物の木造化が進んで木材の需要が拡大すれば、山間部から木の供給を増やすことになり、木を植えて育てて伐採してまた植えるという循環型の森林サイクルが構築できる。

鍵は木造建築を担うプレイヤーの育成である。環境問題や社員のオフィス環境に気をつかう企業、そうしたテナントのニーズに応えたい不動産会社が木造建築に乗り出す。建設会社や設計事務所は木造建築に関する技術力を早急に蓄積しなければならない。

攻略のポイント

- ☑ SDGsの目標達成に貢献
- ☑ ESGを重視した投融資
- ☑ プレイヤーの育成
- ☑ 森林環境税の活用

076

賃貸住宅修繕一括受託

二〇三〇年に築三十年以上のアパートが千六百万戸に

日本国内で急増する高経年化アパートの付加価値増を含めた計画修繕をとりまとめて一括受託するビジネスが伸びる。

二〇三〇年には築三十年以上のアパートが千六百万戸、築四十年以上のアパートが千万戸に達すると見込まれている。こうした高経年化アパートをどうしていくか、これは大きな社会問題になる。

高齢化する個々の大家では対応が難しくなる。地域全体としてアパートの価値を高める、複数アパートが組み、修繕を効率よく進める、といったことが必要で、ＩＴを活用してそれらを合理的にとりまとめるビジネスが国の後押しを受けて急伸する。すでに導入されている電子回覧板などに加え、センシングによる建物の老朽化チェック、移住者見守りシステムも実用化が進む。

また、アパート以外の一戸建てについては空き家の問題がある。少子高齢化に伴い、世帯数が減少し、二〇三〇年には東京都区部だけでも空き家は九十五万戸に達すると予想され、犯罪の増加、火事の多発といったことが懸念されている。空き家の巡回見守り、メンテナンスサービスが新たな市場として生まれる。

077

サーキュラーエコノミー

効率だけではなく効果も追求

サーキュラーエコノミーは「循環経済」という意味である。従来の廃品リサイクルや省エネルギーの取り組みを包含するが、廃棄物や無駄を処理して「効率」を上げることにとどまらず、価値の高い商品や製品を末永く使うといった「効果」を狙っていく点が異なる。

アクセンチュアはこうした効果から二〇三〇年までに四・五兆ドルの利益が出てくると試算する。併せて、百二十社以上の分析を通して、この利益を生み出すビジネスモデルを次の五つに分類している。

第一は、「再生型サプライ」。繰り返し再生できる原材料、あるいは生物分解可能な原材料を用いる。第二は、「回収とリサイクル」。これまで廃棄してきたものを他の用途に活用する。第三は、「製品寿命の延長」。製品を回収し、保守と改良でその寿命を延ばす。第四は、「シェアリング・プラットフォーム」。使用していない製品を貸し借りしたり、共有・交換したりする。最後が、「サービスとしての製品」。製品やサービスを利用した分だけ支払う。もちろん、資源や廃棄物を収集・中間処理する、いわゆる静脈産業はこれまで以上に重要な役割を担う。とりわけ、動脈産業との連携が強く求められるようになり、そこから新たなビジネスの創出も期待される。

078

家財ＩｏＴ

環境と資産を保全するため家財を生涯管理

市場の規模

2030年

6500億円

市場の概要

- 耐久消費財のIoT管理
- 家財分野で環境と資産を保全
- 適正生産とリユースで生産財を保全
- リユース市場の活性化等で適正価値を保全

革張り張りの椅子の革が一部劣化してきたので捨てた、頑丈で大きなタンスがあるが引越し先で置けそうもないため捨てた、家族の構成員が減ったため食器の不要分をリサイクルに出そうとしたが使用品は引き取れないと言われて捨てた。

これでは木材など生産財の過剰消費や廃棄の際の環境負荷問題を解決できない。消費者同士の直接取引やリサイクル店の進化が見られるものの、確実なリユースを見込めないため二束三文で売買されることが多く、せっかくの価値が無駄になる。例えば遺品について遺族が気付かない限り、一部の愛好家が大金を支払ってでも手に入れたいビンテージものでも廃棄処分になってしまう。

本来、半永久的に利用できる製品は、適切な時期に適切な料金でメンテナンスできる仕組みがあり、適切なニーズがある相手に適正価格で提供しリユースしてもらうことが明確なら捨てられることはない。これを実現するのが家財IoTだ。

まず、家電・家具・什器・衣類など全ての家財にマイクロICタグを付け、所有者に加え、メーカーやサービス業者なども家財の管理データを把握できるようにして、家財の保証、リペア・売却・処分などを適正に実施する。

製品メーカーや販売店といった提供者もデータを持つため、所有者は提供者側からメンテナンス情報などを受け取れ、適切な時期に手を打てる。リユースのニーズ情報ももたらされ、適切な時期にリユース市場で売却できる。

その後、所有者が持っていたデータは新しい所有者に引き継がれ、販売店のデータはリユース事業者に移る。製品メーカーはその家財が廃棄処分になるまでデータを参照し続け、適切なメンテナンス時期などを新しい所有者に伝える。

以上のサービスでは最終利用者の要不要のニーズ情報が重要になる。多様な製品の利用ニーズや価値に対する多様な考え方を把握するとともに、不要になるタイミングといった個人データとリンクして管理する仕組みが市場創造の鍵になる。

攻略のポイント

- ☑ 要不要のニーズ情報が重要
- ☑ 不要になるタイミング情報も必要
- ☑ 個人とつながり情報も管理

079

プラスチック海洋汚染対策

温暖化に次ぐ「第二の脅威」に対処

市場の規模

2030年までに

600億ドル

出所：化学分野、米マッキンゼー・アンド・カンパニー調べ

市場の概要

- 使い捨てが世界各国で相次ぎ禁止
- 生分解性プラスチックへ転換
- 途上国にリサイクルシステムを販売

ストローやレジ袋など大量に投棄される小さなプラスチック製品による海洋汚染が地球温暖化に次ぐ第二の脅威になっている。すでにマクドナルドやスターバックスといった大手でプラスチックのストローを廃止したほか、レジ袋など使い捨てプラスチックを取りやめる動きが世界各国で起きている。

地球にとっての問題解決であり、これに取り組むことは大きなビジネスにもなる。

まず、従来のプラスチックの使用量を減らす新しいテクノロジーの需要が拡大する。生分解性プラスチッ

ク、バイオプラスチックを開発し、こちらに転換していく動きがある。生分解性プラスチックとは、微生物と酵素によって水と二酸化炭素に分解されるもの、バイオマスプラスチックとは、石油ではなく、サトウキビなどバイオマス（再生可能な有機物資源）を原料にしたものである。

これらは海洋汚染を解決できると期待されているが、生分解性プラスチックについてもバイオプラスチックについても量産化によるコスト低減が不可欠になっている。

もう一つは、廃棄されるプラスチックを管理し、リサイクルする仕組みの確立を支援することである。特に途上国に対し、リサイクルシステムを販売する市場がある。システムだけではなく、プラスチック廃棄の仕組みを制度にする支援、リサイクルの担い手の育成、といった面までセットにして提供していくことが求められる。

また、紙製の袋や容器、皿の復権や登場もありえる。そっけないデザインのいかにも使い捨てといったものではなく、竹やサトウキビの繊維を利用し、高級感すらある食器を開発し、評価を得ている例もある。

攻略のポイント

- ☑ 使用量を減らす技術開発
- ☑ 生分解性プラスチックのコスト低減
- ☑ 「紙製」の復権も
- ☑ 廃プラのリサイクルシステム

カーボンリサイクル

普及に向けコストダウンを急ぐ

市場の規模

2030年グローバル **2億トン**

CO_2を再利用（CCU）

出所：富士経済

CCU：Carbon capture and utilization

市場の概要

- 排ガス中の二酸化炭素から燃料や素材をつくる
- 経産省はロードマップで2030年ごろから普及と読む

カーボンリサイクルとは、発電所や工場、製油・ガス施設などの排出ガスに含まれる二酸化炭素を資源と捉え、再利用することである。例えば二酸化炭素から都市ガスの原料であるメタンを製造できる。こうした燃料のほか、化学品や鉱物をつくる技術開発も進められている。日本は石油などの化石資源を輸入して燃料や化学品を製造してきたが、カーボンリサイクルの実現で化石資源の輸入が減り、資源調達の海外依存度を抑えられる効果もある。

経済産業省は二〇一九年六月、『カーボンリサイクル技術ロードマップ』を策定し、後押しを進めている。ロードマップによれば、二酸化炭素のリサイクルによって得られた燃料、化学品などが二〇三〇年ごろから普及することを目指していく。

カーボンリサイクルは「産業革命前からの世界の平均気温上昇を二度未満に抑える。加えて平均気温上昇一・五度未満を目指す」というパリ協定の目標に貢献する。二酸化炭素の発生それ自体を抑える、二酸化炭素を分離して地中や海底に固定する（ＣＣＳ）、といった取り組みに加え、二酸化炭素を資源として利用するリサイクルへの期待が高まっている。

課題は低コストでリサイクルを実現するテクノロジーを確立することである。現状では二酸化炭素を使ったメタン製造コストは都市ガスをつくる場合の十倍に及んでいる。二〇三〇年に商用化するとした場合、それまでに現在の都市ガス製造と同等のコストに下げなければならない。二酸化炭素をメタンなどの燃料や化学品などにリサイクルするのに欠かせないのが水素だ。コスト引き下げと温暖化防止を両立するためには再生可能エネルギーや原子力発電による二酸化炭素ゼロの電気で作られた水素を安く、大量に手に入れる必要がある。カーボンリサイクルの市場化は、水素の供給体制を構築できるかにかかっている。

二酸化炭素からつくるプラスチックであるポリカーボネート、二酸化炭素を吸収させて効率的に育てた微細藻類を使うバイオ燃料、などの商用化が期待されているが、こちらについても既存製品と同等のコストになるのは二〇三〇年ごろとみられている。

攻略のポイント

- ☑ 低コストで実現する技術開発
- ☑ 安価な水素の大規模供給

食品ロス削減

国連、政府が半減計画を推進

市場の規模

食料廃棄は現状年間

約13億トン

2030年までに半減へ

出所：国連世界食糧計画（WFP）、SDGs

市場の概要

- 国連や政府が食品ロス半減計画
- 関係者の役割が明確に

食料不足の国や地域がある一方、先進諸国では食品を食べずに捨ててしまうことが大きな問題になっている。これに対処するため、国連や日本政府は二〇三〇年をめどに食品廃棄量を半減させる計画を打ち出している。

二〇一六年一月に発行したSDGsのターゲット12・3においては、二〇三〇年までに小売・消費レベルにおける世界全体の一人当たり食料の廃棄を半減させることを盛り込んだ。

政府は二〇一八年六月に発表した第四次循環型社会形成推進基本計画

で、家庭系の食品ロスを二〇三〇年度に、二〇〇〇年度のロスから半減させるとした。

さらに二〇一九年七月に公布された食品リサイクル法基本方針において、事業系のサプライチェーン全体の食品ロスを同じく二〇三〇年度に、二〇〇〇年度のロスから半減させると表明した。

食品ロスの削減を総合的に推進するために、二〇一九年五月、食品ロス削減推進法を成立させ、この中で国、地方公共団体、事業者の責務と消費者の役割を明確に示した。

方針は出たが実行にあたっては具体策を積み重ねていく必要がある。例えば、賞味期限を延ばすことができる容器や包装にして、捨てられないようにする。

食品の需要予測システムの精度を向上させ、売れ残りを防ぐ。賞味期限が近い食品を消費者が買うように、ダイナミックに価格を変えたり、ポイントを還元したりする。

やむを得ず売れ残った食品や賞味期限は過ぎたが品質に問題はない食品を流通、消費してもらう仕組みを用意する。例えば、スマホアプリとインターネットのマーケットプレイスを組み合わせて安く販売する。

また、廃棄された食品を使ってバイオガス発電をするなどエネルギーへの利用も考えられる。

攻略のポイント

- ☑ 賞味期限を伸ばす容器と包装
- ☑ 需要予測の精緻化による売れ残り削減
- ☑ 残り物を流通・利用させるアプリ
- ☑ バイオガス発電などのエネルギー利用

082

エネルギーインテグレーション

用途と利用者に応じて最適の資源を選び、組み合わせる

エネルギー資源、その用途、利用者のそれぞれについて種類があり、組み合わせ方も様々である。エネルギー資源としては石炭、水力、石油、天然ガス、核燃料、風力、太陽光などがあり、用途として工場や交通機関、自動車、家電があり、利用者は公共、企業、家庭などがある。有限のエネルギー資源を節約し、再生可能なエネルギーを積極利用し、二酸化炭素の発生を抑えるためには、用途と利用者に応じて最適の資源を選び、組み合わせなければならない。こうしたエネルギーのインテグレーションが新しい事業機会となる。

注目されている一つに「セクターカップリングビジネス」がある。例えば電力セクターの電力をヒートポンプで熱に変換し、熱を必要とするセクターに供給する。カップリングが注目されているのは、変動しやすい再生可能エネルギーの割合が増しており、これらをいったん蓄電池などに溜め、分散している蓄電池をネットワークでつなぎ、あたかも発電所のように運用できるようになってきたからだ。これをVPP（仮想発電所）と呼ぶ。

また、自動車と家庭のセクターを一緒にして最適なエネルギー利用を考えることもできる。夜間に割安の電気をEV（電気自動車）の蓄電池に供給し、それを昼間は家庭に取り込んで使う。自動車（Vehicle）から家庭（Home）へ供給するのでこれをV2Hと呼ぶ。

エネルギーそのものをカップリングするわけではないが、複数セクターにまたがるビジネス

は他にも色々と考えられる。例えばEV充電に関わるサービスである。自動車メーカーと組んでEV蓄電池のSOC（充電率）を表示したり、最適な充電ステーションに誘導したり、集めたビッグデータを保険会社に売ったりする。

083

総合エネルギーマーケット

卸市場、直接取引市場が動き出す

エネルギーの多様化と自由化に伴い、国内のエネルギー卸市場（小売含まず）で先物や先渡市場が立ち上がってくる。こうした卸市場は欧米が先行していたが、例えばLNG（液化天然ガス）最大輸入国の強みを生かし、先物などのマーケットが日本で動き始めている。発電燃料であるLNGと電力そのもの両方のトレーディングが国内で始まると、売買の巧拙が問われてくる。

一方、需要家同士がブロックチェーンのようなテクノロジーを使って電力会社を介さずに電力などを取引する動きも出てくるとみられる。

再生可能エネルギー

二〇四〇年にも「原価ゼロ電力」が流通へ

市場の規模

2040年グローバル
再生可能エネルギー

+100兆円（2016年比）

出所：世界エネルギーアウトルック2017（IEA）

市場の概要

- パリ協定に沿い各国が自主目標達成を目指す
- 世界の電力需要が150兆円増加
- 増加分のうちの3分の2が再エネ電力
- 原価ゼロ円の電力が登場へ

パリ協定に沿って各国が掲げる二酸化炭素削減の自主目標を達成するために、再生可能エネルギーが着実に使われるようになってきた。

二〇四〇年には、グローバルで年間の電力需要が二〇一六年比の金額ベースで百五十兆円も増え、その三分の二を再生可能エネルギーでまかなうという予測がある。つまりざっと百兆円分の再生可能エネルギーが増加するわけだ。

これは、各国が「自主目標」を達成する「新政策シナリオ」に沿った推計である。

各国政府の温暖化防止政策は引き

続き続く。再生可能エネルギーを使った発電システムへの投資はさらに加速していくだろう。SDGsやESGの観点から、企業は再生可能エネルギーの利用を進めていく。

その裏側で、欧米では大手金融機関が二酸化炭素の排出が多い石炭などの化石燃料や火力発電から資金を引き揚げるダイベストメント（投資撤退）の動きが目立ってきた。資金の流れが化石資源から再生可能エネルギーへと一気にシフトしたのが、ここ二～三年の大きなトレンドだ。

こうした再生可能エネルギー需要をしっかり開拓し、市場市場を拡大していくためには、VPP（仮想発電所）のような、分散電源を使って需要家に電力を安定供給する流通システムの開発もしなければならない。

ここにも新規ビジネスが発生する。

二〇四〇年には日本国内でも発電原価ゼロ円の電力が大量に出回り始めているだろう。発電原価ゼロの電力とは設備を設置して固定価格買取制度（FIT）の期間が終了したり、固定費を回収し終えた太陽光発電や風力発電などの再生可能エネルギー電力を指す。

設備投資の回収が終わり、燃料費もかからない激安の電力は、電力マーケットや電力ビジネスをどう変えるのか。予測は難しいが、電気の売り方や電力ビジネスが大きく形を変える可能性がある。

現在はそうした事態も見据えた新たなエネルギーサービスの模索が始まった段階である。

攻略のポイント

- ☑ 各国政府の温暖化防止政策
- ☑ 再エネ発電投資と資金調達
- ☑ ESG企業など再エネ需要の開拓
- ☑ 分散電源を使った電力流通システム

085

直流テクノロジー

スマートシティに必須

市場の規模

2030年

+3兆円

日経BP総研推定

市場の概要

- 再生可能エネルギーの高効率化
- USBコンセントの普及
- 新興国が最新インフラとして導入
- ゲームチェンジングテクノロジー

これまで交流（AC）だった電力の配電網や給電網を直流（DC）に変えて効率化しようとする機運が世界的に高まっている。背景には再生可能エネルギーの急速な普及がある。太陽光発電システムは発電の際に直流電力を生みだすし、余剰電力の自家消費向けに設置が進む蓄電池も直流電力を利用することから、直流利用のメリットに注目が集まってきた。

需要サイドでもパソコンやテレビ、ゲーム機などの電子機器の大半が直流で動いている。電力を多く消費するモーターやコンプレッサーを使うエアコンや掃除機、洗濯機をはじめ、高効率化の規制が強まっている産業用モーターでもインバーターの搭載が進み、直流電力を高周波の交流電力に変換して駆動している。

現状の交流電力網の場合、発電源から機器まで複数回におよぶ電力変換のたびに損失が発生しており、直流で発電した電力をそのまま機器で利用した方が極めて効率的である。

海外では直流配電をゲームチェンジングテクノロジーとみなし、事業を拡大しようとする企業が出てきた。エンジニアリング会社の英ARUP（Ove Arup & Partners）は「ほとんどの電子機器が直流電力で動作するため、すべてを直流給電・配電にしても問題はない」という主旨のレポートを発表している。日本でも三菱電機は「二〇三〇年に直流送電の市場が一兆五千億円に拡大する」として事業参入を図っている。

電力を膨大に消費するデータセンターでは直流システムの導入が始まっている。オランダでは直流給電・直流配電の導入事例としてLED照明を使った街灯を全長二百四十キロメートルの道路に敷設済み。新興国ではこれから電化する地域について、太陽光発電と蓄電装置を組み合わせ、直流電力のまま住居内の電子機器に供給する「DCマイクログリッド」を導入する機運が高まっている。

将来的には地域電力網の直流化に加えて、電気自動車を含む電動化された移動体のグリッド接続が始まることから、スマートシティ構想においても電力システムの最適化が求められている。直流システムのハードウエアを用意するだけではなく、サービスを含むビジネスモデルをどう構築するのかが鍵となる。

攻略のポイント

- ☑ 新興国のインフラ導入
- ☑ エネルギーの地産地消
- ☑ スマートシティ構想への参画

VPP（仮想発電所）

エネルギー分散時代の切り札

市場の規模

2024年グローバル
45億米ドル

出所：世界エネルギーアウトルック2017（IEA）

市場の概要

- 分散エネルギー資源をネットワーク化
- エネルギー分散の時代の重要要素技術
- 欧米から始まり日本でも市場拡大

ＶＰＰとは、分散エネルギー資源（需要家施設などに設置された太陽光や蓄電池など）をＩｏＴでネットワーク化し、一つの発電所のように運用するソリューションである。エネルギーシステムが大規模集中型から分散型に移行するに伴い重要な要素技術になりつつある。

発送電分離などの電力システムの自由化と共に、欧米から取り組みが始まった。日本でも市場の拡大が見込まれている。二〇二〇年までにＶＰＰ制御技術を確立することを狙い、補助金で事業が始まっている。ＶＰＰを実現し、市場をつくるためにはまず、需要家のニーズをしっかり把握し、それに応えられるIoTネットワークシステムを設計、開発する力が欠かせない。

難しいのは、多数の分散エネルギー資源の電力を、複数の需要に応じて配分することである。しかも送電できなかった電力を分散させて蓄電しておく必要もある。電力需要は経済や気候の変動によって変わるため予測がなかなか難しい。このためAIの利用が検討されている。

もう一つの課題はVPPのビジネスモデルを確立することである。電力自由化により、需要家は既存の電力会社、複数のVPPの中から自分の需要を効率よく満たしてくれるところを選ぶようになる。差別化が価格だけでは値下げ競争を招くだけになる。複数の収益源を確保できる「ビジネス想像力」が問われることになる。

VPPで管理・制御するエネルギー機器は量、種類共に近年増えているが、特に注目されるのはリチウムイオン蓄電池である。これまではコスト高が問題だったが、韓国・中国メーカーの増産でコストが下がってきた。VPP管理面でのメリットは、充放電のレスポンスが速いことから系統網を安定化させるためのアンシラリーサービス市場で活用でき、高い収益が見込めることだ。欧米では、大型のリチウムイオン蓄電池と共に、住宅レベルの需要家が搭載した小型蓄電池を集約してVPP運用する動きも活発化している。さらに、蓄電池とDR（デマンドレスポンス）と組み合わせるソリューションも提供され、複数の電力市場に最も安価で最適な機器を活用する動きが出てきている。

攻略のポイント

- ☑ IoTのシステム開発力
- ☑ 需要家のニーズの把握
- ☑ 複数の収益源を確保

マイクログリッド

先進国と新興国で事業機会

市場の規模

2023年グローバル

391

億米ドル

出所：Markets and Markets

市場の概要

- 系統網抜きで電力を供給
- 先進国ではビルまたは地域ごとに
- アジア・アフリカ地域で市場拡大

マイクログリッドとは、電力系統網から切り離された状況で、ある範囲だけに電力を供給するシステムを指す。大別すると二つのニーズがある。

まず、先進国では、台風や地震などの災害時に系統網から切り離して、ビル単位または地域単位で電力を供給する需要がある。

一方、アジア・アフリカ地域の未電化地域（オフグリッド）地域では、低コストで電力供給できる手段として、太陽光発電と蓄電池から成るマイクログリッドを供給するプロジェクトが盛んになってきており、市場が拡大しつつある。

前者のニーズに応える体制をつくることで、平常時は通常運用しているシステムを非常時に有効活用することができ、高収益化が期待できる。日本でこの事業を展開するにあたっては、災害対応やレジリエンス性を求める自治体と協業することが望ましい。

後者のニーズに応えるには、太陽光発電などによる再生可能エネルギーと蓄電池を組み合わせて効率よく動くシステムに仕上げる必要がある。さらにアジア・アフリカ諸国に市場投入するには各国の状況に合わせた価格で提供を余儀なくされることが多く、コストダウンの力も求められる。

オフグリッド地域でマイクログリッド運用するシステムとして近年注目されているのが、ディーゼル発電機との協調運転である。これは、新興国だけでなく、先進国の離島でも、ディーゼル発電に頼っている地域は多く、ディーゼル燃料の軽油が割高なためエネルギーコストが嵩む問題に悩まされている。そこで、太陽光発電システムや風力発電の再エネと共に、ストレージ設備を設置して、できる限り再エネ活用を増やすように需給調整および周波数調整を行って、ディーゼル燃料の焚き減らしを狙う。欧米やオーストラリアでは実際にエネルギーコストを下げたケースも出始めており、それらのハードウエア、ソフトウエアをパッケージにしたソリューションを開発し、新興国のオフグリッド向けに売り込む動きも盛んになってきている。

攻略のポイント

- ☑ 災害対応で自治体と協業
- ☑ 再生可能エネルギーと蓄電池を統合管理
- ☑ 平常時のシステムを市場で活用
- ☑ アジア・アフリカ諸国向けのコストダウン

088

次世代太陽光パネル

十年後に始まる一斉張り替え

市場の規模

日本国内5年間の張り替え投資総額

1兆2000億～2兆5000億円

日経BP総研推定

市場の概要

- 10～15年後に張り替え開始
- 低価格・高効率パネルが製品化

世界中に設置された太陽光パネルは十～十五年後に一斉に張り替えが始まり、低価格・高効率のパネルが製品化され、競争が激化する。

固定価格買取制度（FIT）で国内に設置される太陽光は最終的に七十ギガワット程度になると見られる。そのうち四十ギガワット（四千万キロワット）～五十ギガワット（五千万キロワット）分の設備保有者が再投資してFIT後も発電事業を続けるとした場合、その段階の太陽光パネルの一キロワット当たり単価を三万～五万円と仮定すると、総額一兆二千億～二兆五千億円の市場が見込める。これが五年間にわたって設置されるとすると年間二千四百億～五千億円になる。

この市場を巡って次世代パネルの開発が進んでいる。国立研究開発法人の新エネルギー・産業技術総合開発機構（NEDO）はペロブスカイト、量子ドットと呼ばれるテクノロジーでゲームチェンジを狙う。

一方、中国勢は単結晶シリコン系の高度化テクノロジー（PERC、ヘテロ、IBC、両面発電セルと呼ばれる）の低価格を急いでいる。

発電事業者からすると、変換効率とパネルのキロワット単価のバランスを考慮することになる。単価がある程度しても、変換効率が高いパネルを採用すれば、少ない設置枚数で従来と同じ発電ができる。

攻略のポイント

- ☑ 変換効率の向上
- ☑ コストダウン

089

建材一体型太陽光パネル（BIPV）

新築建物への設置義務化も

市場の規模

建材一体型
太陽光パネル（BIPV）

400億円～1000億円

日経BP総研推定

屋根材一体型や窓ガラスに取り付けるシースルータイプの太陽光発電パネルが普及する。

固定価格買取制度（FIT）の後、太陽光発電の自家消費型へのシフトが政策的に推進される可能性が高い。すでに米加州では、新築建物への太陽光設置義務が課され、市場が拡大する気運がある。この「義務化」は全米から世界へ、そして日本にまで広がるかもしれない。

国内の住宅太陽光発電は年間一ギガワット（百万キロワット）前後で推移すると見込まれる。一キロワット当たりの太陽光パネルの単価を四万～十万円とした場合、年間で四百億円～千億円の市場が期待できる。

普及にあたっては、設置コストのさらなる低下と、景観と調和するような瓦やスレートなどに近い意匠をパネルに持たせることが必要である。

090

新水素エネルギー（凝集系核変換）

低温で元素を変換

三菱重工が「新元素変換」と呼ぶ、低温での核種変換に伴うエネルギー取り出しテクノロジーが実証段階に入ってきた。重水素を使って、元素の種類を変えることができる。想定される応用としては新エネルギー源の開発、希少元素の生成、放射性廃棄物の無害化がある。

このテクノロジーには早くからトヨタグループが資金提供している。さらに三菱地所がこのテクノロジーを研究するベンチャーに出資するなど、徐々に大手企業が目を付けだした。二〇三〇年頃には実用化が視野に入ってくるかもしれない。

091

石炭火力・鉄鋼向けCCS（二酸化炭素回収・貯留）プラント

素材産業の脱二酸化炭素が始まる

再生可能エネルギーの低価格化・大量導入、事業のすべてを再生可能エネルギーでまかなう企業「RE100」の急増で、いよいよ石炭火力と製鉄など素材産業の「脱二酸化炭素」が次の課題として認識され始めた。

その切り札として、CCS（二酸化炭素回収・貯留）がある。火力発電所や工場で排出される二酸化炭素をその場で回収し、貯蔵してしまう。日本でも苫小牧沖でCCSの大規模実証が始まっている。十年後の二〇三〇年には、石炭火力が生き残るために実用プラントが動き出す可能性がある。

日本では公益財団法人の地球環境産業技術研究機構（RITE）が素材企業と組んで二酸化炭素分離の要素技術（膜分離、固体アミンなど）を実用化し、最先端のテクノロジーを保持している。

第六章　筆者名一覧

朝倉博史
安達功
荻原博之
小原隆
金子憲治
狩集浩志
桑原豊
相馬隆宏
高津尚悟

田中和之
田中淳一郎
田中太郎
藤堂安人
中西清隆
仲森智博
馬場未希
藤田香
谷島宣之

第七章

新天地とテクノロジー

どこまでも広がる

092

テクノロジー拡散

ローカルにチャンスあり

第一章で触れた通り、テクノロジーが広がる速度は年々増しつつある。無形のソフトウエアやサービスについては最新版をスマートフォンですぐに利用できる。有形のハードウエアについてもシェアリングやサービス化により素早く入手できる。

すぐに広がるため、汎用的なサービスの場合、素早く世界に広めたほうが有利である。かつては可能だった、他国で成功したビジネスモデルをほぼそのまま日本に輸入して商売をすることはもはや難しくなってくる。

先手を打てないなら、むしろ日本固有の問題解決に注力したほうがよい。その際、必要になるすべてのテクノロジーをローカルで用意する必要はなく、世界的な汎用サービスと独自開発のテクノロジーを組み合わせる。そのバランスをどうとるかが企画者、設計者の腕の見せ所になる。

広がり続けるテクノロジーが向かう先の一つは人間で、すでに体内にまで入り込みつつある。もう一方は人間がいない場所、すなわち宇宙や海中・海底あるいは空中である。

第七章ではテクノロジーが向かう新天地と、テクノロジーそれ自体が開く新ビジネスの一部を紹介する。

093

海中

未知なる海に挑む

海中や海底の利用はまだ国家が中心だが、今後ビジネスの機会を見出せるかもしれない。海中利用で最も社会に影響を与えたのは海底ケーブルであろう。元々は国家主導で敷設が始まったが、インターネット時代を迎え、今では民間の投資で進められている。今後は通信インフラだけでなく、データセンターが海底に設置される可能性がある。データセンターの業界ではコンピューターが発生する熱を、省電力を維持しつつ、いかに取り除けるかを競っており、無尽蔵にある海の水を冷却に使う発想が出てきている。実際、マイクロソフトはタンクにサーバーをぎっしりと詰め、海中で運用する実験を実施している。

海中は観光資源としても有望である。例えば、大きな透明の球体の中に入って海中を旅行できる装置「SEA BALLOON」の事業化をオーシャンスパイラルが二〇二一年を目標に目指している。計画が現在止まっているがドバイで海中ホテルを建設する動きもあった。

センサーや自律運転の技術の発達によって、浅瀬から深海へと海中の利用領域は広がっていくだろう。日本政府は二〇一八年に、「未知なる海に挑む。技術を高め、海を把握する」というスローガンのもとに開発を進めることを閣議決定している。

094

宇宙移住・定住

二〇三〇年には現実に

市場の規模

2030年代早期
宇宙産業全体

約2兆3000億～2兆5000億円

出所：内閣府「宇宙産業ビジョン2030」

市場の概要

- 月や火星への定住・移住を計画
- 複数のスタートアップが挑戦
- 人間が生活できる環境を整備

人類が月や火星などに移住・定住する計画が現実味を帯びている。米テスラのイーロン・マスク氏が率いるSpaceXは二〇二二年に最初の貨物を火星に送ることを目標としている。水資源の確認や危険の特定、発電、採鉱、そして生命維持インフラの設置に取り組む。二〇二四年に乗組員が搭乗する二回のミッションなどで、ロケット推進剤の貯蔵庫の建設や将来の乗組員の飛行のための準備を実施する。これらの複数回のミッションで火星に基地を構築し、最終的には二〇六〇年代までに百万人を火星に送り込む計画である。

二〇二一年に月への着陸を目指す日本のスタートアップ・ispaceは月の水資源を活用した宇宙インフラを構築し、人類の生活圏を宇宙に広げていくことを目指す。二〇四〇年に月に千人が定住し、年間一万人が訪問する「ムーンバレー構想」を掲げている。米アマゾン・ドット・コムのジェフ・ベゾス氏も有人月面着陸機を公開し、二〇二四年の打ち上げを目指す。一方、米国のBigelow Aerospaceは二〇二一年に商用ステーションを二基打ち上げる計画を持っており、民間の宇宙旅行者が滞在する宇宙ホテルを視野に入れている。

攻略のポイント

- ☑ 業種を超えた企業連携
- ☑ 賛同者を集めるビジョンと資金調達

月や火星に人間が住むためには、宇宙空間に耐える建材や資材、宇宙空間で育つ植物、快適性を担保する空調や衛生機器、当然のことながら食品が必要になる。また、地球から物資を運ぶと膨大なコストがかかるため、機械や建材、化学繊維、食品などを月や火星上で生産できるシステムの構築が欠かせない。

宇宙移住・定住は宇宙利用の一つである。宇宙利用としてはさらに「衛星データ活用」「宇宙空間サービス」「エンタテインメント」「宇宙旅行」などが考えられる。このうち衛星データ活用は地球観測データをビジネスに役立つ情報として提供するものですでにGPS（全地球測位システム）、リモートセンシングが役立っている。宇宙空間サービスとしては宇宙に漂うゴミの除去、民間の静止衛星の延命などがある。

空飛ぶクルマ

モビリティの最終解、新車両と新サービスが作る新市場

市場の規模

世界市場 1兆5000億ドル（2040年）

出所："Get Ready For Flying Cars", Morgan Stanley Research, 2019/1

市場の概要

- 陸空両用の新型車両
- 自動運転機能付き垂直離着陸機
- エアタクシーのオンデマンド配車
- モビリティ領域の新しい顧客価値

空飛ぶクルマは既存の航空機と無人ドローンの間に位置付けられる。明確な定義はないが「電動」「自動」「垂直離着陸」といった機能を備えるとみられている。機体、運航、インフラにかかるコストが安くなり、空の移動が大衆化し、速くて安くて便利なヒト、モノの移動が可能になると、社会や経済に大きな影響を与える。

陸空両用の新型車両の実証実験や開発が世界各地で進んでいる。自動運転機能を付けた垂直離着陸機がすでに実験飛行をしている。エアタクシーのオンデマンド配車を目指し、

米ウーバーテクノロジーズなどが開発に取り組んでいる。

参入にあたっては、複数企業が組むコラボレーションが必須である。車両の開発には相当な技術力が必要であるし、シェアリングサービスのためにはマッチング機能を持つ情報システムを開発しなければならない。離着陸のための土地の手当て、保険など周辺ビジネスもかかわってくる。

空飛ぶクルマに限ったことではないが、自社の強みはどこにあり、それをどう生かすか、パートナーは誰か、といったことを考え抜く必要がある。

こうした点を考える上で、ウーバーのロボタクシーサービスへの取り組みには参考になる点が多く、注目しておく必要があるだろう。

課題は、電動化や自動化といったテクノロジーの開発、実証を通じた運航管理や耐空証明、インフラと制度の整備、社会実装を担う事業者の発掘、社会の受容性向上である。

攻略のポイント

- ☑ 参入領域はどこか
  →車両、サービス、周辺ビジネス
- ☑ 自社の強みをどう生かすか
- ☑ パートナーは誰か
- ☑ ロボタクシーサービスから学ぼう

096

量子コンピューティング

十年後の応用に期待

市場の規模

10年後以降
250億〜500億ドル

出所：ボストンコンサルティンググループ

市場の概要

- AIへの応用
- 交通における移動時間短縮
- パーソナライズ処方薬
- 金融ポートフォリオ最適化

量子コンピューターは計算に量子力学の原理を応用し、現状のコンピューターよりも超高速で演算ができる。期待されている用途は色々ある。

AI関連では、コンピュータービジョン、パターン認識、音声認識、機械翻訳への応用が考えられる。

交通における移動経路の最適化問題に応用する。移動時間の短縮や渋滞の減少につながる。

分子、たんぱく質、化学薬品の相互作用や化学反応の分析、人間の遺伝子配列・解析を効率的に処理する。治療薬の開発期間の短縮、患者ごとにパーソナライズされた処方薬の提供を目指す。

市場リスクの計測や投資評価に使われているシミュレーションを高度化・効率化し、金融ポートフォリオを最適化し、投資リスクを減らす。

こうした応用分野で量子コンピューターに解かせる問題を探索し、問題解決のアルゴリズムを開発していく。現状、国内外の大手ITベンダーがこぞって量子コンピューターの研究開発を進めている。量子コンピューターには、大きく分けて「量子ゲート型」と「量子アニーリング型」の二つの方式がある。製品化ではアニーリング型が先行している。ただし、量子コンピューターそのものの開発には莫大な資金が必要で、日本企業が今から手掛けるのは難しいかもしれない。


一方、応用する側についてみると、上記の可能性を追って、実証実験が始まっているが、商用利用と普及にはもう少し時間がかかるだろう。

それでも、いち早く自社としての活用方法を探り、競争優位につなげていくことが重要と考えられている。日本企業では化学メーカーのJSRや三菱ケミカル、金融からは三菱UFJ銀行やみずほフィナンシャルグループが米IBMの量子コンピューターの研究ネットワークに参画している。

攻略のポイント

- ☑ 解くべき問題の発見
- ☑ 解決アルゴリズム開発
- ☑ 研究ネットワークへの参加

エッジコンピューティング

センサーや端末の近くでデータ処理

市場の規模

2022年グローバル
67.2億ドル
出所：MarketsandMarkets

2025年グローバル
167.1億ドル
出所：Variant Market Research

市場の概要

- センサーや端末近くで処理
- 遅延が許されない領域に
- 自動運転に不可欠

コンピューターの世界では歴史的に処理の集中と分散を繰り返している。近年クラウドへの集中が続いていたが、現場のセンサーやデバイスの近くで処理をする「エッジコンピューティング」への分散が始まりつつある。

分散させるのは遅延が許されない処理を現場でこなすため。店舗や街頭に設置したカメラを利用した監視や人物行動分析はデータ量が膨大になり、クラウドに送るより店舗やカメラで処理したほうが速い。

AR（拡張現実）、オンラインゲーム、オンデマンド動画配信など、遅延が利用体験に悪影響を与え、利用者が離脱してしまいかねない領域でエッジコンピューティングは有望である。

IoTを使うスマートファクトリーでは、センサーからデータを収集し、蓄積、分析して、工場の現場にフィードバックするが、ミリ秒単位でレスポンスが求められる制御において遅延は許されない。データ量が増えるほどクラウドに集中させようとすると通信料がかさむ。データによっては、いまだにクラウドに格納できないものもある。

自動運転においてもエッジコンピューティングは不可欠である。ほかの車両や歩行者など周りの状況を把握し、エッジ側で処理し、迅速な判断につなげる。

ポイントはリソースの分散方法である。エッジ側のデバイスは小型化や低コスト化が進む。LPWAのような通信サービスも利用できる。環境は整いつつあり、アプリケーションの特性に応じてクラウドとエッジを使い分けられる。

クラウドとエッジの特性を踏まえつつ、デバイスからデータを取り出す部分や効率的かつ安全にやりとりする部分にエッジを適用するなど、全体を俯瞰して相互補完が可能なシステムを目指す。

エッジAIも有望である。現場に近いエッジデバイスにAIを実装し、異常判定を下したり、予兆保全をしたりする。自動運転においてはAIで画像を認識し、前方のクルマや信号機、歩行者などの動きを予測しているが、とっさのときにクラウドで処理をして判断を下そうとしては間に合わない。

攻略のポイント

- リソースの分散方法
- クラウドとの使い分け
- エッジAIも有望

IT／OT人材育成

デジタル化を支えるIT人材を育てる

市場の規模

2030年日本

300億円以上

日経BP総研推定

市場の概要

- デジタル化や第4次産業革命
- 働き方改革と人材活用
- 生産性向上

仮想空間で発展するIT（情報技術、インフォメーションテクノロジー）と、リアルな現場のOT（オペレーショナルテクノロジー）の両方に精通し、包括して最適化ができる人材を育てるサービスが伸びる。

ITの仕組みは利用者が現場で使っている様々なシステムの中にまで広がっており、現場の問題解決までがIT技術者に求められるようになる。つまりOTと呼ばれる利用者の領域、すなわち現場の業務や使っている機器についてまで、ITの技術者が踏み込まざるを得なくなっている。

　このためＩＴとＯＴの両方のスキルを備えた技術者が必要になる。だが、これまでＩＴの世界とＯＴの世界が明確に分かれていたため、ＩＴとＯＴの両方に精通した技術者を育成する環境はほとんどなかった。これからデジタル化を支える人材を育成する仕組みを構築しなければならない。若い技術者を新たに養成するだけでなく、既存のＩＴ技術者のステップアップを促したり、ＯＴの技術者にＩＴの教育を施したりすることも必要になる。

　ＩｏＴやＡＩなど最先端のＩＴを駆使して、様々な社会や産業の仕組みを変革するデジタル化が世界規模で進む。ＩＴ／ＯＴ人材を育成しなければ、この大きなトレンドに日本は取り残されてしまうかもしれない。経済産業省が実施した「ＩＴ人材需給に関する調査」によれば、情報システム部門においてだけでもデジタル化を推進する人材の需要と供給の差は二〇三〇年時点で最大六十四万人に上る危険がある。

　これだけの人材を育成するために一人当たり年間五万円を企業が投じただけで三百億円以上の資金が動く。実際には育成にもっと費用がかかってもおかしくはない。さらに情報システム部門だけでなくＩＴを利用する様々な現場においてもデジタル化を推進するＩＴ／ＯＴ人材を育成する必要がある。デジタル化の進展とともにＩＴ／ＯＴ人材育成を巡る市場は着実に拡大する見込みだ。

攻略のポイント

- ☑ IT/OT人材の将来性を啓蒙
- ☑ 人材とニーズのマッチング
- ☑ ITとOTを網羅する教育

099

トークンエコノミー

インセンティブのデザインが重要

ブロックチェーン技術が社会に与えるインパクト、関連する市場規模

市場の規模

67兆円

出所：平成27年度我が国経済社会の情報化・サービス化に係る基盤整備（ブロックチェーン技術を利用したサービスに関する国内外動向調査）

市場の概要

- ブロックチェーン
- 暗号資産（仮想通貨）
- 価値の流通
- マイクロペイメント
- イーサリアム

トークンエコノミーとは、人の行動や物にトークン（代用貨幣）を使って価値を付け、トークンを交換することであり、トークンを利用するコミュニティー（商圏）とトークン交換を実現する仕組みを含む。

トークンは暗号資産（仮想通貨）として実装する。既に運用されているトークンエコノミーを見ると、その多くが仮想通貨のイーサリアムを利用している。

トークンエコノミーの流れは例えば次のようになる。企業が顧客の価値ある行動に対してトークンを発行する。顧客は別の顧客から相応の価

値（行動や物品）を得てトークンを渡す。顧客は貯めたトークンを企業のサービスやプロダクトと交換できる。こうして顧客同士や顧客と企業との間にトークンによる価値の流通が起こる。

実例として地域通貨の流通やゲーム内でのアイテムの取引などがある。ＬＩＮＥは利用者がアプリの利用によってトークンを得られるサービスを提供している。

トークンの発行や取引にあたっては信頼性が重要になる。そこでブロックチェーンテクノロジーを使い、トークンの発行数や取引の真正性を担保する。従来の取引のように中央で管理する第三者が不要なため、少額の取引（マイクロペイメント）を容易に実現できる。即時決済や取引を自動実行する、いわゆるスマートコントラクトにもトークンを使える。

攻略のポイント

- ☑ 流通の仕組み
- ☑ インセンティブデザイン
- ☑ 暗号資産の選択

価値の流通を起こさせるには、利用者同士にトークンを使うインセンティブを与える必要があり、そのデザインが重要になる。

また、暗号資産は各種あり、技術的な違いがある。どの暗号資産（プロトコル）を選ぶか、検討することになる。

100

AI学習用データ整理

機械学習用に生データを整理整頓

市場の規模

2030年 グローバル 1.8兆円

AI市場規模全体37兆円（米トラクティカ社調べ）の5%

2025年 グローバル 1兆円

AI市場規模全体20兆円（米MarketsandMarkets社調べ）の5%

市場の概要

- 機械学習には整理したデータが必要
- 生データを加工して教師データに
- 膨大な生データが貴重な資源に変わる
- ビッグデータ時代に欠かせない仕事
- AI市場の拡大と同じペースで成長する

現在のAIの中心と言える機械学習テクノロジーを使いこなすには、整理したデータが必要である。膨大な生データが貴重な資源に変わるわけだが、そのためには生データを加工し、AIを指導する「教師データ」にしなければならない。

データの収集と整理はいわゆるビッグデータの時代に欠かせない仕事であり、AI市場の拡大と同じペースで成長すると考えられる。AI市場全体の五パーセントがデータ収集整理に充てられるとみなして市場規模を算出した。

教師データの作成では例えば、「株

式会社〇〇」「(株)〇〇」といった表記の統一から、郵便番号や電話番号に含まれる記号の扱い、半角・全角の統一、カタカナ・ひらがなの統一といった初歩的な整理がまず必要になる。

次に、機械学習によって構築するアルゴリズムに必要な要素データの抜き出し、関連付けなどの作業がある。機械学習では、教師データの値から一定のパターンを見つけて、予測モデルを構築するため、生データから何を抜き出し、不要なものを除くかというこの工程は特に重要になる。

需要は伸びていくので、それに合わせてデータを収集、整理する労働力を確保しなければならない。整理の一部をコンピューターで自動化することもできるがその結果は人手で確認することになる。

収集整理にあたっては一定の集中力が求められるが、年齢経験は問わなくてもよい。ただし、「こういうデータを揃えて欲しい」と依頼する側には、機械学習に精通した人材が必要である。

攻略のポイント

- ☑ 機械学習に精通した人材
- ☑ データ整理の労働力確保
- ☑ 整理作業の一部自動化

第七章　筆者名一覧

神保重紀
菅野武
桔梗原富夫
中道理
林哲史
三好敏
森側真一
谷島宣之

第八章

ブルーオーシャンを見つけるために

日経ＢＰ総研の八十人の研究員は『１００のブルーオーシャン』と呼ぶリサーチ活動を進め、第二章から第八章に示した市場を探し出した。これらは候補あるいは案であり、ブルーオーシャン、すなわちニーズがあるにもかかわらずまだそれに答える企業がいない市場は、それぞれの企業が見つけなければならない。本章では第一章と同様に、ビジネスリーダー（Ｂ）とテクノロジーリーダー（Ｔ）の対話形式で新たに成長する市場の見つけ方を検討する。

B　競争がまだないブルーオーシャンに育つ可能性がある新市場の候補を百件眺めて考え始めると途方にくれないか。

T　いきなり気弱になったのはどうしてですか。この市場ならこういうテクノロジーが使える、と楽しく眺めましたが。

B　テクノロジーが使えたからといって顧客がそれを受け入れ、市場が生まれるかどうかは別の話だ。例えば地球を修復するとか、宇宙に可能性があるとか、それは大事だし、その通りなのだが現実にビジネスをやっている側からすると「そんなことを言われても」と困ってしまうのではないか。途方にくれるとはそういう意味だ。

T　競争は厳しいかもしれませんが実際の市場が目の前にあり、そこで日夜闘っているわけですから、遠い未来のことを考えろと言われても頭が切り替わらないかもしれません。

B　新規事業開発室とか、専門部署をつくってそこに社内でも優秀と言われる人を集めたがうまくいかなかった、という話は結構聞く。

T　日本は少子高齢化の先進国、ビジネスチャンスがある、と言われても、「それはそうだが」と思考停止してしまうのかもしれません。

B　『富士宮やきそば学会』を知っているか。

T　いわゆるご当地グルメで町興しをした成功例ですね。

B　学会長は残念ながら亡くなってしまったが、あの活動の経済効果は千億円近いのではないか。生前、彼に聞いたところ、市内の焼きそば店の数を世帯数で割るとその率は日本一だったという。これだけ地元で愛されている焼きそばをアピールしようとイベントをしたり情報発信をしたりしてきた。ドラッカーは人口構造の変化に注目せよと言ったが、それは目の前にすでにある特徴や変化に気付けという意味だろうから、富士宮焼きそばはその一例ではないかと思う。

T イノベーションとか新規事業とかいうと、構えてしまって途方にくれる。もっと身近なところの何かに気付こうというわけですね。

B ブルーオーシャン戦略を唱えたW・チャン・キム氏は続編『ブルー・オーシャン・シフト』（有賀裕子訳、ダイヤモンド社）でイラクの楽団の事例を紹介している。楽団は世界中に星の数あるわけだが、この楽団はあえてイラクの楽曲を演奏するようにし、しかも中東で争っている民族の人たちを楽団員として集め、評価を得たそうだ。これも身近と言えば身近だ。

T オーケストラというレッドオーシャンの市場にあっても独自な何かを打ち出せば成功できる。

B しかも最初は小さいことから始めてよいのだと思う。何かをちょっと組み替えてみるとか。すると旧市場の中に新市場が見えてくるのではないか。テクノロジーで言えば当初想定していたのとは別のことに使えないかと考えてみる。

T 成功して世の中に広まったテクノロジー、鳴り物入りで喧伝されたのに消えてしまったテクノロジー、それぞれ振り返ってみると、いわゆるキラーアプリケーション、そういうことができるならぜひ使いたい、という応用先が見つかったときは成功しています。フラッシュメモリーが立ち上がったのは、携帯用音楽プレーヤーというマーケットが開けたからでした。

B 散々指摘されてきた話だが、テクノロジーやモノづくりだけではなく、アプリケーションやコトづくりが欠かせないわけだ。

T 新しいこと、つまり新たな体験を提供しようとすると既存の規制に抵触する場合があります。よりよいことができるなら米国でやっているようにロビー活動をしてでも法律や規制を変えてしまうとか、そこまでやるべきなのでしょうが…

B むしろ規制をやみくもに守るほうに行きがちだ。個人情報保護法ができた当時だったか、それまでの活動を通じて溜まっていた個人情報を「使わない」と宣言し、消去してしまった企業の話を新聞で読んで驚いたことがあった。

T データは石油だ、と今言われているのですが。せっかく見つけた油田を掘らずに封鎖したわけですね。

B ただ、新しい石油の独占や乱用が大きな問題になっている。大手ネット企業に対して規制すべき、という声が欧米で出ている。日本でも、ある特定領域のデータを大量に抱えている企業が使い方を誤ったとして批判された。面倒だし厄介だと言って油田封鎖に走る日本企業がまた出てくるかもしれない。

T　個人のデータは本来、個人に帰属し、個人が管理する。個人の判断でデータをサービス提供者などに提供し、便益を得てもよい。サービス事業者は集めたデータを提供者の利用体験をさらに高めるために使う。これが基本でそこを逸脱しなければどんどん活用していくべきでしょう。データ管理のテクノロジーは進化していますから、例えば欧州連合（EU）の厳しい「一般データ保護規則（GDPR）」を守りつつ、しかもデータをうまく利用することは可能です。

B　利便性を犠牲にしても、とにかく規制を守る。逆に規制に合わせた報告をとりあえず上げておき、現場は違うことをする。規制に対して両極端になりがちだ。かつての排ガス規制のようにそれをクリアしようとしてエンジンのイノベーションができたこともあった。規制としっかり向き合い、格闘することでブルーオーシャンにたどりつくという道があるのではないか。

T　欧州はルールを自分で決め、それをデファクトスタンダードにして、市場をつくる、ということをうまくやっています。古くはISOのマネジメントシステム、今のSDGsやESGにもそういう面がある。あの京都議定書が批准されたとき、Kyoto Protocolは世界のキーワードになったのに日本はそれをクリアすることに腐心するばかりだった気がします。

「省エネ製品を上手につくる国」という評価はあるでしょうが環境先進国かというとどうもそうではなくなりつつある。

B　グローバルを見て、その中でどうやっていくかを考えるのは積年の課題だね。今でも自前のテクノロジーだけを使おうとしたりする。潜在的なニーズを見つけたら、それを満たすために、社内外のテクノロジーやスキルを組み合わせるべきなのだろうが。

T　シリコンバレーのスタートアップは朝食会でアイデアが出るとその日の夕方にプロジェクトを始めたりするそうです。あるものでよいからかき集めてとにかく市場に出して反応を見る、というやり方です。

B　社内外に接点をどれだけ持っているか、ということかな。ビジネスやテクノロジーのパートナーも必要だし、できたものをぶつけるために顧客側にも接点がいる。

T　顧客との接点は日本のテクノロジー企業の課題の一つです。顧客には営業担当者しか会っていない。研究開発部門や新サービスを考える人が新しい接点をなかなか作れないで苦労している、という話をしばしば聞きます。

B 既存の顧客に聞いてみるのは当然として、まだ見ぬ潜在顧客にも聞いてみないといけないわけで、確かに難しい。ドラッカーにインタビューしたとき、SOHO（スモールオフィス・ホームオフィス）の話をしてくれた。大企業から離れて数人で事務所をつくったり自宅で起業したりする動きをオフィス家具メーカーは気付けなかった。SOHOの人たちはオフィス家具メーカーではなく一般の家具屋から買っていたからだ。こういう新しい動きが分からないオフィス家具メーカーはSOHOという市場に売り込めないし、オフィス家具が従来ほど売れない、という事態に陥ってしまう。やはり外部の情報をいかにキャッチするかが大事だね。

T インターネットの時代ですから、新しい顧客やパートナーに会うために、もっと情報を自ら発信する必要があるのではないでしょうか。「御社が持っているそのテクノロジーと当社のテクノロジーを合わせるとこういうことができるのではないか」といった提案が飛び込んでくるように。自分たちで接点をつくっていくことも必要ですが自分の思惑だけではどうしても視野が狭くなります。

B なるほど。そういう仕組みを用意するとともに、社員一人ひとりが感性というか、センスというか、それを研ぎ澄ませておかないといけないね。いい話が来ても感性が鈍っていたら前に進まない。どんな組織でもそうなのだが、所属している人はどうしても組織が期待していること、組織から期待されていることを考えるようになってしまう。組織の中にいても「私はこう思う」とはっきり言える雰囲気をつくらないといけないし、そう言える人を育てないといけない。

T　シリコンバレーの企業は、そういう頭の鋭さに対しても投資をしています。オフィスのフリーアドレスはもう古いそうで机は固定にしてしまい、誰でも出入りできるオープンな会議室を増やしているという話を聞きました。

B　日本企業がかつて成功したときのワイガヤに似た話かもしれない。ただ、日本の場合、同じ会社、同じ工場の社員だけでわいわいがやがやっていたので異文化、異分子が足りなかった。異文化の人が集まってくるかどうか、それを受け入れるようになっているかどうか、自問自答してみる必要がある。

T　その話になると結局は企業が持つ夢とかビジョン次第ということになる気がします。こうしたい、こうありたい、という魅力的な将来像を語る企業に、感性豊かで能力も備えた人が集まるのではないでしょうか。

B　経営の基本は不変ということか。創業百年を超える長寿企業が日本にはかなりある。業態を変えて長生きしている企業もあれば創業時の事業を続けているところもある。どちらにしても創業の精神は大事にしていて、それがあるから何らかのイノベーションをやり続け、新市場においても従来市場においてもブルーオーシャンを見つけることができ、長生きしているのだろう。

第八章　筆者名一覧

安達功
酒井綱一郎
望月洋介
谷島宣之

日経 BP 総研

日本経済新聞社の100％子会社、日経 BPのリサーチ＆コンサルティング部門。日経ビジネスなどの経営誌、日経トレンディなどの生活情報誌、日経アーキテクチュア、日経エレクトロニクス、日経コンピュータ、日経メディカルなど技術情報誌の編集長や記者経験者など総勢80名を抱える。研究員の知見、人脈、情報発信力を生かし、企業や団体の経営改革、人材戦略、事業創出、マーケティング・顧客開拓を支援している。編著書に『ビジネスを揺るがす100のリスク』がある。

日経BP総研2030展望

ビジネスを変える 100のブルーオーシャン

2019年10月23日　第1版第1刷発行

編著者	日経BP総研
発行者	安達功
発　行	日経BP
発　売	日経BPマーケティング
	〒105-8308　東京都港区虎ノ門4-3-12
装　幀	小口翔平＋岩永香穂（tobufune）
制　作	松川直也（日経BPコンサルティング）
印刷・製本	図書印刷株式会社

ISBN 978-4-296-10392-8
Printed in Japan